復刻改訂版

「引き寄せ」の教科書

LAW OF ATTRACTION

Amy Okudaira
奥平 亜美衣

Clover
クローバー出版

本書は『「引き寄せ」の教科書』（アルマット２０１４年初版）を
復刻し、大幅に追記、修正を加えた復刻改訂版です

The TEXT of
LAW OF ATTRACTION

Amy Okudaira

『「引き寄せ」の教科書』を引き寄せるまで

――復刻改訂版に寄せて――

「自分の書いた本を出したい」という夢は、私にとって大それた夢でした。

ずっとずっと長い間、記憶のある範囲では小学生のときから「本」というキーワードは常に私とともにありました。本だけは欲しがれば不自由なく与えてもらえる環境でしたし、暇さえあれば小説やエッセイや漫画を読んでいました。本屋さんが憩いの場で、私の部屋は本や漫画であふれかえっていました。

そして、書く仕事への憧れもあった、とその消えそうで消えない小さな情熱の火を今なら認めることができるのですが、ずっとそれに気づかないフリをして生きてきたのです。自分は何が書きたいのか、そして何が書けるのかもわかりませんでしたし、それが叶うだなんて思えたことが一度もなく、あまりに遠すぎる夢だったため、挑戦したこともありませんでした。

そして、私にできそうな仕事はこれかな、と無難に貿易会社の会社員になることを選んだのです。その時は、そこそこの暮らし、そこそこの仕事、それが私の望みだったのです。そこには安定はありましたが、心からの喜びはありませんでした。

正確には、一度、翻訳家になって翻訳本を出したいという思いから、翻訳学校に通ったことがあるのですが、それは「自分の書いたものが本になるとは思えないけど、翻訳だったらできるかもしれない」という自分の本当の夢を否定したところから発した願いであり、行動だったため、それが現実となることはありませんでした。通学中に娘を妊娠し出産したので、学校も翻訳家としての道に挑戦することもやめてしまったのです。

二〇一二年の終わりにエイブラハムの「引き寄せの法則」に出会ったとき、私は私の伝えたいこと、書きたいことを見つけたという思いでした。その時すでに三十五歳でしたが、ブログを始めて「自分の言葉で書いた本を出したい」という本当の望みをまた思い出すことになり、それは日に日に強くなっていきました。ですが、どうしたら出せるのかは全くわかりませんでした。出版業界に一切のコネも、情報もなかったのです。ブログから本を出したという知人もいませんでした。そして、自分に一冊のボリュームの原稿が書けるのかさえもわからず、自信なんて全くと言っていいほどなかったのです。

しかし、エイブラハムの教えに従い、少しずつ思考と波動をスライドさせていくことで、私の目に映る現実は変化していきました。

最終的に「自分の本が出る」ということが私の本心になったとき、それは本当に目の前に現れたのです。

一番最初は「本を出したい」という思いと同時に、「自分にできるわけがない」という抵抗をいだいていました。この「自分にできるわけがない」という思い、それが本心のうちで大きなウェイトを占めているうちは叶いません。

まずはこの「自分にできるわけない」という思いを、「絶対に無理ではないかもしれない」と緩めるところから始めました。「絶対にできる」と思うと、「いや、それは無理でしょ」という本心からの抵抗がまた出てきてしまうので、最初は「できるかもしれないいな」と思うことにしたのです。

「絶対に無理だ」と思うことは、自分の夢を否定するので心地よくありません。ですので、そこから思考を変えていくことが必要です。しかしいきなり「絶対にできる」と思うのも強い抵抗を感じ心地よくありません。「無理ではないかもしれない」という考え方ですと、本心からそう思えるので抵抗が出てきません。

そうやって、抵抗が出ない範囲で、少しずつ、少しずつ、考え方を自分の望む方向へ、心地よい方向へ修正していったのです。また、自分の本が書店の棚に並んでおり、喜んでいる自分を想像したりもしました。

そのように考え方を修正し、抵抗を減らし、自分の望みに素直になったこと、日常生活の中でいい気分になれる思考の選択を続け、目の前の幸せと感謝を見つけ、本書でいうところの〝ザルの目が開いている〟という状態をできるだけ保ち、そしてできる範囲でブログの更新を続けていると、周囲に「本、出せると思うよ、頑張って」と言ってくれる人が複数現れてきました。

と言われても、やはりどうしたら本が出せるのか全く見当もつきませんでしたが、そこからネットで調べて多少情報収集をしました。

わかったのは、新人著者にとっては、自費出版ではなくて商業出版への道は簡単ではないということ、本を出すには出版社への直接の持ち込みや、とにかくコネをつくって売り込むなどの方法があることなどでした。しかし、当時私は貿易会社の会社員としてフルタイムで働いていて、保育園に通う子供がいて、とにかくそんな時間も行動力も自信もなかったので、それらの行動はとても難しく感じました。

その後私は、ネットで「企画のたまごやさん」というサイトを見つけます。「企画のたまごやさん」は、本を出したい人と、良質な企画を探している編集者さんをつなげてくれる場所。この「企画のたまごやさん」はすごく気になりました。「ここになにかがあるよ」と言われているような気がしました。

うまくいくかはわからないけどここに企画を送ってみよう、と思いましたが、企画書を送ると言っても、書き方もよくわかりません。そこで、企画書の書き方を教えてくれるセミナーへ一度だけ参加しました。そしてそのセミナーを主催していた方が、「企画のたまごやさん」から本を出したことがある、というお話をしてくださったのです。

そのとき、「やっぱり私はこれだ！」という確信を得ました。宇宙からの明確なサインを受け取ったのです。

そして、「企画のたまごやさん」に企画を送って約三ヵ月後、ありがたいことに二つの出版社よりオファーを頂きました。ひとつはアルマットという初めて名前を聞く出版社で、もうひとつは有名な徳間書店でした。

まったく出版社と関わりのなかった私が、こうしてはじめて出版社とのまだか細く微《かす》かなものとはいえつながりのようなものができただけでも、現実が少しずつ変わってきているのがわかりました。ただ、オファーが来たからといって出版が決まったわけではありません。そこから、実際に会って話をし、出版社の中での企画会議を経てやっと出版が決まるのです。

アルマットでは、すでに同社で展開されている「スピリチュアルの教科書シリーズ」の一角にしたい、というお話を頂きました。そのとき私は、「私の書きたかった本はこれだ！　正統派のまさに教科書のような本は、私の表現したいことにぴったり」という、強い直感を感じていました。宇宙は、本当に自分の望みを叶えるために最高最善のことを、人生に放り込んでくれるのです。そして狂いなく出会わせてくれるのです。

ただその時は、今ほど直感を信じることもできておらず、宇宙を信頼することもできておらず、まだまだ自分の書いたものが本になるとは信じられていませんでした。ただ、初めて出版社という場所に足を踏み入れて、編集者と呼ばれる人と私が話していること、それがとても不思議な感じがしたのを覚えています。

そして、私が書きたいのは教科書みたいな本、そのことに確信はあったものの、もうひとつのオファーを頂いていた徳間書店に期待していたのも事実です。徳間書店は、私が大変影響を受けた『アミ小さな宇宙人』が出ている出版社ですし、知名度、出版条件ともに良いものだったからです。当時はまだまだ、自分の本当の望みより損得で考えている部分も大きかったのです。

しかしやはり最初の直感通り、最終的にその企画を採用してくださったのは、アルマットの小田編集長（現 Clover 出版編集長）でした。徳間書店のほうは、途中で企画が止まってしまったのです。やはり宇宙は、私の本当の望み通りに導いてくれます。エゴの部分であれこれ考えていても、私の本当の望みをちゃんと知っているのです。

そして、私はブログを一冊の本へとまとめる作業に入りました。その過程でもまだ、「本当にこれが本になるのかな?」という思いでいっぱいでした。

しかし、私の送った原稿がゲラになり、校正に入り（ゲラという言葉や校正の方法なんて当時は全く知りませんでしたが）、そしてタイトルが決まり、表紙が出来上がってきたころ、ようやく、これは本当のことなんだと信じられるようになってきました。

最終的に出来上がった本を手にしたとき、それが、私が「自分の書いたものが本になる」ということを百パーセント信じられた瞬間です。そしてそのとき、それはまさに現実に現れたのです。思考が現実化した瞬間でした。

この経験から、夢を叶えることに対して私が言えることは、

・自分が本心から望んでいること、本当にやりたいことは必ず叶う
・最初から百パーセント夢が叶うことを信じられなくても、少しずつ思考を修正していけば叶う
・無理な行動はしなくてもよい
・ピンときたものに対しては動く
・日々をできるだけいい気分で過ごす

・宇宙が与えてくれることを信頼し、流れに任せて委ねる

ということです。

本書に従って引き寄せの練習をし、そして自分を信じて進んでいけば、皆さんの夢も必ず叶うと信じています。

はじめに

「引き寄せの法則」や「思考は現実化する」という言葉は広く知られるところになってきました。しかし、それを毎日の生活の中で実際に活用している人はそれほど多くはないかもしれません。かくいう私も「引き寄せの法則」という言葉は知っていましたし、その法則の存在を少なからず信じていましたが、どうすれば、それを実際の生活で活用して、思い通りの人生を引き寄せることができるのかは知らなかった一人でした。

そんなごく普通の会社員であり、主婦であり、母親である私が、引き寄せの法則を理解し、実践し、ついにはこのような本を出すことができるまでに至ったのは、二〇一二年十月、『サラとソロモン』『引き寄せの法則　エイブラハムとの対話』をはじめとするヒックス夫妻の著作と出会ったことが始まりです。ソロモンやエイブラハムの言葉に魅了された私は、すぐにその教えに従って実践を始め、現実がどんどんと自分の望む方向へと変わっていくのを目の当たりにしたのです。あれからたった一年しか経っていないとは信じられないくらいに状況は変化しており、今でもその変化は継続中です。

引き寄せに出会う前の私は、長い間、心の底からワクワクするということを忘れていたような気がします。日々楽しいことは楽しいし、素敵な家族や友人に囲まれて幸せな生活を送っていましたが、本当の希望は忘れていたのでした。

どうしてそのような状態になってしまっていたかというと、そこから遡ること約三年、二〇〇九年後半、民主党が政権を握っていて、「普天間が」「子ども手当が」と騒がれていた当時のこと。テレビのニュースにどこか違和感を感じ、ニュースで流れてくる情報だけでは何が起こっているのか本当にわからないと思った私は、ネットで情報を探し始めました。そこで、いわゆる陰謀論——世界のほんの一握りの支配者たちが、その他大勢を支配するために悪の限りを尽くしている、という情報に初めて出会ったのでした。9・11自作自演説や銀行の信用創造について初めて知ったのもこのときです。ことの真相はともかく、そのとき私自身が感じていた世界の違和感に対して、なんとなくでも答えが得られた気がしたのです。

そうした情報を知ったことは今でも良かったと思っているものの、そこから世界に対する失望、そして自分に対する無力感も増してしまったのでした。しかし、心のどこかでは、このままこの人生を終わらせたくない、どこかに心から人生を楽しく生きる秘密があるはずだ、という風にも感じていました。

そんな最中《さなか》、次に出会ったのがスピリチュアルの世界です。

陰謀論を扱うサイトやブログは、往々にしてスピリチュアルの世界や宇宙についても触れています。ブログ以外にも、『アミ小さな宇宙人』『神との対話』『シルバーバーチの霊訓』などの書籍も多く読みました。

そもそも、人は死んだら終わりだと考えたことはなく、なんとなく死後の世界や見えない世界を信じていたものの、それまでは深く考えたことも追求したこともなかったのです。しかし、そうしたブログや書籍に触れるにつれ、何か思い出すような感覚で、今見えているこの世界の他にも見えない世界が存在する、という思いが確信に変わっていきました。そして、当時答えは出なかったものの、どうしてこの地球に生まれてきたのか、その意味をよく考えるようになりました。

こうしてスピリチュアルの世界や宇宙のことを知っていく一方で、現実を見渡せば地球には戦争も飢餓も貧困もまだまだ残っていて、ひどい惑星だという思いが強くなってきたのです。地球のためにできる限りのことをしたい、だけどこの世界で私一人にできることは限られている。自分の人生は家族にも子供にも恵まれ、楽しいこともたくさんあるし、日本人に生まれてきたことに感謝もしているけど、心からの喜びが得られる日は来るのだろうか？　この地球でのこの生を終えるまでは、その日は来ないのだろうか？　そんな心境で日々を過ごしていたのでした。特に東日本大震災後の原発事故が起こってからは、子供たちの健康より原子力利権を守るために必死な日本政府の姿には、軽い絶望も覚えていました。

転機が訪れたのは、二〇一二年九月末。「木内鶴彦さんと地球を感じる星空キャンプ」というキャンプイベントに参加したことにより、状況は大きく動いていきました。実は、それまで木内鶴彦さんのことはほとんど知らなかったのですが、イベント自体が楽しそうだったので参加したのです。参加者は皆さん木内さんの素晴らしい業績を知っており、木内さんのお話を聞きたいという思いで参加されていた方がほとんどでしたが、私の場合は、参加してから木内さんの活動を知りました。何故参加したのか？　と問われると、参加する運命だったとしか言いようがありません（今考えれば、心から喜べる人生をおくりたいという私の本当の望みを叶えるために引き寄せていたのだとわかるのですが……）。

木内さんは、太陽光を利用してゴミからエネルギーを創るという素晴らしい取り組みをされていて、そこで聞いたお話は原発事故や放射能汚染で沈んでいた私が希望を持つのに十分でした。原発事故以来もやもやしていた私の心に、久しぶりに心からのワクワクと喜びが湧き上がってくるのを感じたのでした。

本編でも触れますが、ワクワクは必ず次のワクワクを連れてきてくれます。今、自分が出している気分、それが次の現実の創造につながるのです。そんなワクワクしている私にもたらされた次のワクワクが『サラとソロモン』『引き寄せの法則エイブラハムとの対話』をはじめとする、ヒックス夫妻の著作の数々だったのです。『サラとソロモン』に出会ったとき、「私の探していた人生の秘密はこれだ」ということがはっきりとわかりました。

それまでも、「引き寄せの法則」については、本当に心から信じたものは現実になるよ、という程度の知識はありました。そして、本心が現実になっていることは小学生の頃から気づいていたため、その法則について最初から疑っていませんでした。

しかし、今叶っていない願いが叶うことを本心から信じることが難しく、本気で夢や願いを叶えようと取り組んだことがなかったのです。悲惨な地球を信じていた私にとって、喜びと愛にあふれる地球を信じるのは無理がありましたし、自分が自分の夢を叶えて楽しく自由に生きていけることを信じられなかったのです。

しかし、『サラとソロモン』で表現されている引き寄せは、私にとって無理のないものでした。そして、それはおそらく多くの人にとっても無理のないものだと思います。

ソロモンは言います。

「いい気分でいることほど大切なものはないんだ」

「味わい愛でる気持ちを感じさせてくれるようなことを考えるんだ」

「君の幸せが他の誰かがやったりやらなかったりすることにかかっているとき、君は罠にはまっているんだ。なぜなら、他の人々が考えることや行なうことを、君がコントロールすることはできないからさ。でもね、自分の喜びは他人にかかっているのではないということがわかったら、そのときには本当に自由になれるんだ」

私は、地球以外のどこかに愛の惑星があることを信じていたし、宇宙は愛に満ちていると信じていたのに、その宇宙に浮かんでいる地球上には愛が足りないと自分で決めつけていたのです。そう、地球に愛が足りないと私が感じるのは、私のせいだったのです。ようやく私は、自分の人生が喜びにあふれていないことが、支配者のせいでもなく、政治のせいでもなく、自分自身のせいなのだと気づいたのでした。

そこから、ソロモンやエイブラハムの教えに従って、日々自分の思考に注意を払い、できる限り自分の気分の良くなる思考を選択し、また自分の望みに素直になり、そして他人のいいところを見るようにしました。すると一ヶ月もしないうちに、私を取り巻く環境は変わっていないのに、状況や起こる出来事が、自分にとって良い方へどんどん変わっていくという経験を何度もしたのです。またこの実践は、キャンプで出会った友人二人も同時に始めたのですが、その友人にも同じように様々な良い変化が訪れ、私の引き寄せの法則に対する確信は揺るぎないものになっていきました。

さらに、自分が自分のすべての現実を創造していると考えることで、これまでスピリチュアルを学んだ過程で抱いていた大小様々な疑問が解けていきました。引き寄せの法則を実践していると、見えない世界との回路が徐々に開かれていくため、ハイヤーセルフ（61ページ参照）とのつながりを強く感じることが多々あるのですが、そのつながりが大きくなると、今まで知らなかったようなことが次々と自分の内側からもたらされる、というような経験もするようになりました。

そうして得たスピリチュアルに関する私なりの答えや考えと、自分が理解し実践した引き寄せの法則について、ブログを始めようと思うまでにそう長い時間はかかりませんでした。一ヶ月後にはブログをスタートさせ、そのブログはありがたいことにたくさんのアクセスを獲得するようになったのです。

また、ますます私の現実は楽しく充実したものへと変わっていきました。以前は苦行のように感じていた毎日の仕事も、海外子会社の経理を任されたり、海外出張へも頻繁に行けるようになり、気づいたらやりがいがあって楽しいものへと変貌していたのでした。仕事が面白くなってくるにつれてブログの更新頻度は減ってしまいましたが、それでも多くの人に読んで頂き、そしてそのブログがこうしてついに一冊の本になったのです。小さい頃から本に囲まれて育ち、本が大好きな私にとって、自分が本を出すということは、まさに夢のような奇跡のような出来事です。

引き寄せでここまで現実が変わっていくのか、と驚きを隠せません。

本書では、ソロモンやエイブラハムの語る引き寄せの法則をベースに、実際に自ら実践した経験から、日本人に向けて日本語でわかりやすく引き寄せの真髄をお伝えし、さらには引き寄せの法則を上手に活用していくために必要な考え方を網羅致しました。

この法則を正しく理解し継続して実践していけば、あなたの現実は間違いなくあなたにとって良い方向へ変わっていきます。そしてあなたが心から望むことは必ず叶います。「引き寄せの法則」は、特別な人だけが実践できる特別な法則ではありません。自ら実践しさえすれば、どんな人でもその恩恵を享受できます。この法則は重力と同じように、どんな人にも平等にどんなときにでも働いているのですから。

「引き寄せの法則」というと、「モノやカネを引き寄せるぞ！」という強欲なイメージを持つ人もいるかと思います。また、願望実現の手段としてだけ捉えている人もいるでしょう。しかし、欲しいものを得たり願望を実現するというのは、引き寄せの法則のほんの一部の側面でしかありません。それだけにとどまらず、引き寄せの法則はあなたのすべての現実に関わっています。この法則を意識して活用すると、毎日をもっと明るく、楽しく、いきいきと人生を送ることができるのです。

幸せや安らぎや楽しさ、豊かさや充実感など、あなたの求めてやまないものは、すべてあなたの中にあります。そして、あなたの思考と波動次第であなたの現実に現れてきます。あなたさえ邪魔をしなければ、あなたはあなたの望む人生を送ることができるのです。

私は決してスピリチュアルな特殊な能力を持った人間ではありません。ほんの数年前にスピリチュアルの世界に興味を持っただけの、普通の人間です。ただ、引き寄せを実践していると、宇宙のエネルギーや見えない世界とのつながりが大きくなってくるため、直感力が鋭くなってきたり、見えない世界の存在を肌で感じるようになるということはあります。そうした経験は、この本を読んで引き寄せを実践した皆さんにも訪れるかもしれません。

時代は今、スピリチュアルブームともいえる状況になってきています。しかし、あちらの世界に興味を持ちすぎて、こちらの世界で望みを持てなかったり、やる気を失ってしまったとしたらこれは本末転倒です。私はあくまで、スピリチュアルの知識をこの世でいきいきとした人生を送るために活用したいと思っています。そして、本書でご紹介する「引き寄せの法則」は、この世を最高に楽しむためのツールであることに間違いありません。この世の現実を楽しく前向きに生き切ること、それこそが唯一あの世に持っていける宝物になるでしょう。

心からの喜びを感じることができなかった私の現実を、ワクワクとした気持ちがあふれる人生へと変貌させてくれた、ヒックス夫妻の著作、また引き寄せの法則の実践に一緒に取り組んだ友人、そしてブログの読者の皆様、もちろんこの本を読んでくれている皆様に感謝を述べたいと思います。本当に感謝してもし切れません。

本書によって、一人でも多くの人が「引き寄せの法則」を正しく理解し、自分の望む人生を思い通りに生きていく助けになることを望みます。

目次

第三章　誰にでもできる引き寄せの練習法

Part1　良い現実の引き寄せ方

第四章　誰にでもできる引き寄せの練習法

Part2　望みの叶え方

第五章　引き寄せを実践する上で大事な考え方

第六章　引き寄せの法則　実践活用編

第一章　人生は思い通り

思い通りの現実

「人生は思い通りです」と聞くとどう思いますか？　多くの人は、「そんなことあるはずがない」と思うかもしれません。自分の人生を観察して、楽しいこともあれば不満なこともあるでしょう。あなたの不満や悩みは何でしょうか？

上司が無理なことばかり言う
部下が全く使えない
夫が自分のことをわかってくれない、育児に協力してくれない
恋人ができない
収入が増えない

など、人それぞれいろいろあるかと思います。

例えば、あなたの上司が無理なことばかり言う頭の固いわからずやで、あなたの悩みの種になっているとします。あなたは、「上司が無理なことばっかり言う頭の固いわからずや」だと思っていますね？　そして上司は、「無理なことばっかり言う頭の固いわからずや」なわけですよね？

どうですか？　あなたの思い通りになっていますよね!?

他の例でも同じです。例えばあなたが女性だとして、旦那さんが育児に全く協力してくれないのが不満だとします。あなたは、「旦那さんが育児に全く協力してくれない」と思って不満を抱いています。そして、現実は「育児に全く協力してくれない旦那さん」になっていますよね。

ほら、思い通りでしょう！

他人のことだけではなくて、自分のことでもそうです。例えば、一生懸命働いても収入が増えないという悩みがあるとします。あなたは、「自分の収入が増えない」と思っています。そして、現実に「収入が増えていません」。

またまた思い通りですね。

そうなのです、現時点で、**人生はあなたの望み通りにはなっていないかもしれません**が、**思い通りになっている**のです。

あなたの思ったように、あなたが信じている通りに現実が創られているのです。一度、自分の周りの現実と自分の思考がどれほど一致しているのか、確認してみてください。

「人生が思い通りである」とか、「思考が現実化する」と言われても、すぐには信じられないかもしれません。なぜなら、現実化しない思考もあるからです。思考がすべて現実化したら、大変なことになりますよね？　誰でも、ちょっと人には知られたくないようなことを考えたりするのが普通ですから……。

どういった思考が現実化して、どういった思考が現実化しないのか、それは第二章でみていきます。思考がすべて現実化するわけではありませんが、逆に考えると、すでに現実化している「あなたの目の前の現実」は、必ずあなたの思考から来ているということになります。ですので、まず現実を見て、これは思考と一致しているかなあ、と考えてみることから始めましょう。

例えば、あなたの勤めている会社はどうですか？
配偶者や恋人はどうですか？
子供はどうですか？
友人はどうですか？
住んでいる家はどうですか？
車はどうですか？
経済状態はどうですか？
昨日食べたものはどうですか？
昨日買ったものはどうですか？

思考に意識を払っていない状態、つまり、起こる出来事や目に入るもの等の外からの情報にただ思考と感情が反応するのを放置している状態（これが普通の状態です。ほとんどの人はこういう状態だと思います）ですと、無意識に思考している部分が多く、すべての現実とあなたの思考を結びつけられないかもしれません。しかし、あなたが自分でわかる範囲、自覚できるものだけでも、あなたの現実が驚くほどあなたの思考と一致していると気づくでしょう。

例えば車について、私はうちの車を気に入っていないのだけど、夫が勝手に決めてしまった。車は自分の思考通りになっていないわ、ということもあるかもしれません。その場合でも、その「気に入らない車」は、あなたが「気に入らない車」と考えていて、現実に「気に入らない車」として存在しているのです。そして、あなたが自分の車を気に入らないと考え続けている限り、あなたの家の車はずっと気に入らないままなのです。

ではどうすれば、自分の気に入る車を手に入れることができるのでしょうか？この本を読み終える頃には、あなたはその答えを手に入れることができるでしょう。

さて、これまで人生の不満な側面についてみてきましたが、人生の楽しい側面についてはどうでしょうか？　あなたの好きなこと、楽しいことは何ですか？

子供の笑顔を見ることですか？
ゴルフや釣りに出かけることですか？
好きな音楽や映画に浸ることですか？
美味しいものをたらふく食べることですか？
南の島の綺麗な海でのんびり過ごすことですか？

これも、十人十色でいろいろありますね。楽しいことにはあまり説明が要らないと思いますが、こちらも、あなたが楽しいと思うから楽しいことになっていますよね。

例えば自分がいくらゴルフが大好きでも、ゴルフに興味のない人にいくらゴルフの良さを説明してもその楽しさはなかなかわかってもらえません。もちろん自分が楽しければそれでいいのですが。ちなみに、私はゴルフには全く興味はありませんが、南の島は大好きです！　ええ、本当に大好きです！　でも、日焼けするから南の島は嫌だ、という人もいますよね。

好きなことは本当に好きだ、と心の中で叫んでみましょう。これも引き寄せの練習のうちです（引き寄せの練習法については、第三章で詳しくみていきます）。嫌いなことは叫ばなくていいですよ。

本書では、自分の望む人生を現実化する方法を紹介していきますが、その練習をするにあたって、まず「今現在の目の前の現実と自分の思考が一致している」ということを腑に落とすことがとても大事です。これから、「現実が自分の思い通りになっている」ということの理解を深めつつ、本当の意味での思い通り、望み通りの人生を送る方法を模索していきたいと思います。

あなたの思考と波動が現実を引き寄せる

さきほどみてきた通り、**この世は、あなたの本心からの思い、そして本心から感じていること、それがそのまま現実に現れているだけ**なのです。

これは、気づいてしまえば何の証明も要らないほど当たりまえのことなのです。また、思考と感情は「波動」と密接に関連しています。波動というのは、あなたが自分の身体《からだ》から外へ向かって、常時発信している目に見えない何かです。誰にでも一度や二度は、誰かの視線を感じて振り返った経験があると思います。また、話さなくても友人を見て楽しそうなのか落ち込んでいるのか、わかることもありますよね。こうした経験から、人間が目に見えない何かを発信しているのだな、ということは感じて頂けるのではないかと思います。

この、人間が発信している目に見えない何か、それをここでは波動と呼びたいと思いますが、このあなたが出している波動に宇宙が正確に反応します。良い波動はあなたにとって良い現実を引き寄せ、悪い波動はあなたにとって悪い現実を引き寄せます。**宇宙は、あなたの本心からの思考と波動をそのまま映す巨大な鏡**なのです。

ではどうして、あなたの本心からの思い、そしてあなたが出す波動に宇宙が反応するのでしょうか？

どこかで「すべてはひとつ」だと聞いたことがあるかもしれませんが、それは言葉のあやではなくて、文字通り本当にすべてはひとつなのです。あなたと宇宙は実は一体です。私もあなたもその人もあれもこれもそのモノも、すべてはひとつ。ですので、あなたが発したものが宇宙にそのまま影響を与えるのです。

今生きている地球では、たくさんの人がいて、たくさんの動物や植物、たくさんのモノもあって、たくさんの星も見えて、すべてはひとつには見えません。ひとつに感じることすら難しいでしょう。しかし、自分は何かとつながっているのだな、またすべてはつながっているのだな、と感じたことのある人はたくさんいるのではないでしょうか。今ここで、すべてはひとつだと納得する必要はありませんが、**現実は、自分の本心からの思考と波動を正確に映す**、ということは覚えておいてください。

このあなたが出している波動は、あなたが感じている気分や感情によって変化します。あなたの気分が良いときはあなたは良い波動を出しており、嫌な気分でいるときは悪い波動を出しています。

誰でも、自分は今いい気分なのか嫌な気分なのか、良くはないけど少なくとも嫌な気分ではないのか、それはわかると思いますが、いい気分か嫌な気分か、それは何によって決まると思いますか？

それは実は、**「あなたが考えていること」**によって決まります。多くの人は、それが「あなたの身に起こった出来事」や「他人があなたに対してとった言動」によって決まると思っているかもしれません。しかし、そうではないのです。

例えば何か仕事でとても嫌なことがあって、そのことばかりを考えていたら当然嫌な気分になりますね。でも、そこで友人があなたを楽しいことに連れ出してくれて、その間は仕事のことを忘れ楽しい経験の方に思考が向いていたとしたら、その間あなたはいい気分になれます。ここで、「仕事で嫌なことがあった」という出来事は変わっていませんが、あなたの思考の向け方次第で「いい気分」にも「嫌な気分」にもなれるのです。

また、特に何も起こっていないにもかかわらず、何かを考えるだけであなたはいい気分にも嫌な気分にもなれますね。これはあなたの気分が、起こった出来事ではなく**自分が選んだ思考によって決まる**ということなのです。ですので、ここで自分の思考の選択というのがとても大事になってくるのですね。

思考から感情や気分が生み出され、そして、その気分が波動を創り、その波動が現実を引き寄せる。

これが、「思考が現実化する」おおまかな流れです。

引き寄せの法則が働く仕組みについては、第二章でさらに詳しく取り上げたいと思います。

思考
↓
気分・感情
↓
波動
↓
現実

卵が先か鶏が先か

先ほど「無理なことばかり言う上司」の例を挙げましたが、こんな感想を持ったかもしれません。「上司が先に無理なことを押しつけてきたから、上司が無理ばかり言う、という思いを持ったのであって、そうでなければそんな思いを持たなかった」と。卵が先か鶏が先か、というような問題ですね。

そうです、あなたが上司のことをそんな風に思うようになったのには、何かのきっかけがあったはずです。一度も接したことのない人に対して、こんな感想は持ちませんから。その上司に対しても、一番初めは好きでも嫌いでもない、ほぼニュートラルな感情を持っていたはずです。そしてその後、無謀な営業を命じられたとします。

何故、上司はあなたに無理な営業をいきなり命じたのでしょうか？　もしかすると前日、その上司は奥さんとケンカしたのかもしれません。もしかすると前日、そのまた上司に無理なことを言われたのかもしれません。もしかすると前日、パチンコで大負けしたのかもしれません。もしかすると誰にでも無理なことを言っているのかもしれませんが。

その上司のことは、自分には本当のところはわからないのです。ただ、あなたはその上司に対して、何となく嫌だなという思いと感情を、無意識につみ重ねていたのでしょう。それが波動となり、あなたにとって嫌な現実、つまり「無理な営業を命じられる」という現実を引き寄せたのです。現実は、あなたの波動を映す大きな鏡ですから。**嫌な現実を引き寄せた原因というのは、あなたが出している波動以外にはないのです。**実は無理な営業を命じられたのは、上司のせいではなくて、自分のせいだったのです。

しかし、あなたはその後上司に対し、「無理なことを言う上司だ」という思いを持つようになります。そうするとその思いをまた現実が反映しますので、その上司はあなたの思い通りに無理なことばかり言いつけるようになり、あなたの「無理なことを言う上司だ」という思いはさらに強化され、さらに上司は無理なことを言う、という負の連鎖に陥っていきます。

上司がどういう人なのか、そして、何故無謀な営業を命じたのかというのは、実はどうでもいいことなのです。過去に思いをめぐらせても過去の出来事は変えられません。

大事なのは、**今現在、あなたの目に見えている上司の姿は、あなたが創り上げている現実の一部だ**ということです。どんな理由があって、無理な営業を命じたのかはわかりませんし、またわかる必要もないのですが、この例で**今現在あなたが**

思っていることと感じていることは現実になっているのです。そして、あなたが上司のことを「嫌だな」と思えば思うほど、また「無理なことを言う上司だ」と思えば思うほど、その現実が徐々に固定されていきます。

では、この負の連鎖を断ち切るにはどうすればよいのでしょうか?

あなたが変われば現実が変わる

この例で、上司に無理なことを命じられたとき、事実はどうあれ自分の頭の中で、「昨日パチンコで負けたんだろうか……」と考えてそれほど嫌な気分にならずにさらっと流していれば、あなたが引き寄せる現実が変わりその後の展開も大きく変わったでしょう。

あなたには、「無理なことを言う嫌な上司だ」と思って嫌な気分になる選択肢と「パチンコで負けたのかな」と思って気にしない選択肢と、他にも選択肢があったのですが、ここで自ら好んで「無理なことを言う嫌な上司だ」という思考を選択し、それによって嫌な気分になったのです。**あなたが嫌な気分になったのは、上司のせいではなくて自分が選択した思考のせい**なのです。

これまで生きてきた中で、おそらくほとんどの人は、起こる出来事や周囲の人の言動に自分の思考や感情を反応させてきたことでしょう。いいことがあったらいい気分になり、悪いことがあったら悪い気分になる。そして、何か嫌なことがあったり嫌な人の言動に出会うと、他人や周囲の環境を変えようと苦心してきたのでしょう。しかし、現実というのはあなたの本心からの思いと波動を映す鏡です。鏡に映るものを変えるには、まず映っている大本《おおもと》を変えなくてはいけません。鏡の中を変えること、つまりあなたの目の前の現実や他人の言動や出来事を先に変えることは不可能なのです。しかし、大本《おおもと》であるあなたの思考と波動を変えることにより、その鏡に映る現実は変わります。

あなたが何か現実を変えたいと思うとき、まず変えるべきはあなたの思考です。これはなにも他人に合わせて自分の意見や主張を変えろ、ということではありません。あなたが**良い波動をなるべく保つために、どれだけいい気分でいられる思考を選択するか、その思考の選択を変えるだけ**なのです。そしてそれは誰にも邪魔されずに、自分の頭の中だけで少し練習すれば誰でもできるようになります。思考はあなただけのものであり、全くの自由だからです。

残念ながら、この本を読むだけでは現実は変わりません。しかし、この本で紹介されている練習法に従って、日々気分の良くなる思考を選択する練習をしていけば、それに伴って必ず現実が望む方向へ変わっていくのをあなたは目の当たりにするでしょう。個人差はありますが、そうなるのにそれほど長い時間はかかりません。

第二章　引き寄せの法則が働く仕組み

宇宙は愛と豊かさのエネルギーで満ちている

引き寄せの法則は、どのように働いているのでしょうか?

ここで、少し目に見えない世界の話をしなくてはなりません。いわゆるスピリチュアルと呼ばれている領域のお話です。引き寄せの法則に興味を持っている方は、すでに目に見えない世界を受け入れている方やなんとなくでも信じている方が多いのではないかと思いますが、目に見えない世界のことは全く信じられないという方やスピリチュアルが苦手という方は、この章の内容を無理に信じる必要はありません。

全く信じていなくても、もちろん引き寄せの法則は働きます。何を信じても信じていなくても、この法則は誰にでも平等に働いているのです。重力が誰にでも働いているのと同じです。

ただし、イメージの中の世界であっても、どのようにして思考が現実を引き寄せるのか、それに思いを馳せることで引き寄せの法則に対する理解を深め、その使い方の習得も早くなる場合もあると思いますので、ここでお伝えしておきたいと思います。

下はあくまでイメージ図ですが、私たちの周りにはこのような感じで、宇宙から目に見えないエネルギーがいつでも流れてきています。

第一章で「すべてはひとつ」ということをみてきましたが、このような感じですべては根っこではつながっているという風に考えてもよいかもしれません。地球上にいるすべての人間から動物や植物、鉱物、微生物に至るまで、生命のすべては、このエネルギーの大本《おおもと》につながっています。

そのエネルギーの大本《おおもと》はSource（ソース、源）

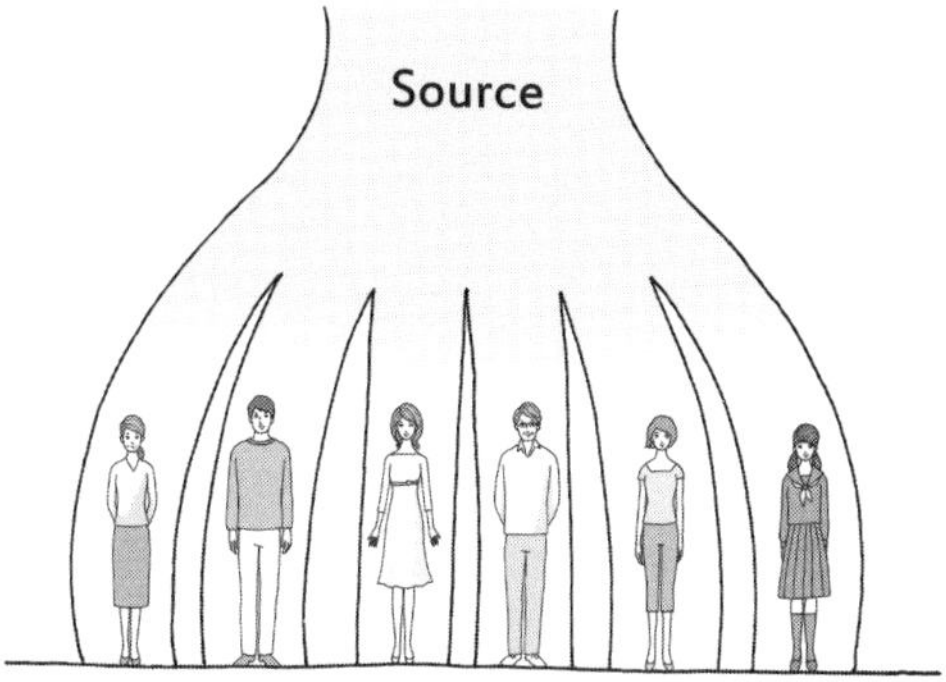

と呼ばれたり、Something Great と呼ばれたり、大霊と呼ばれたり、一なるものと呼ばれたりと、いろいろな呼び方をされています。ここでは深入りしませんが、神と呼ばれているのもこのエネルギーの大本《おおもと》のことです。

そしてこのエネルギーは、常に愛と豊かさに満ち満ちています。なぜなら、神から来ているのですから――**宇宙には愛しかない**のです。

地球上には、一見愛とそうでないものがあるように見えますが、地球も宇宙の一部なので、**実は地球にも愛しかありません**。しかし、人間は特殊な能力を使って、一見愛ではないように見えるものを自分で創り上げたり、愛なのに愛でないというように感知できるようになっているのです。

これは、人間だけが生まれつき持っている**「エゴ」**による働きです。本当は、宇宙のどこでも愛で満ちているのですが、エゴというフィルターを通すと、愛なのに愛でないように見えたり、感じたりすることができるのです。

エネルギーの受け取り方

ここで、先ほどの絵の人間の周りを拡大してみましょう。

人間の周りには、誰でも例外なくこの源《ソース》からの愛と豊かさのエネルギーが常時流れてきています。もちろん無料です！　そしてこのエネルギーは無限です。つまり、私たちの周りは常に愛や豊かさでいっぱい、のはずです。

しかし現実として、いつでも愛と豊かさでいっぱいだわ、と感じている人にはなかなかお目にかかれません。どうして豊富にあるはずの愛と豊かさのエネルギーを感じられないのでしょうか？

先ほど、人間は誰でも生まれつきエゴを持って生まれてくると書きましたが、このエゴのフィルターが頭上にくっついています。頭の上にザルのようなものがあると思ってください（あくまでイメージです）。

そしてこのザルの目ですが、広がったり詰まったりします。広がっているときは、源《ソース》からの愛と豊かさのエネルギーがふんだんに自分に降り注ぎますが、詰まっているとなかなか受け取れません。

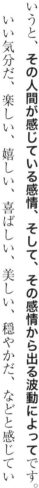

では、何によってこのザルの目が広がったり詰まったりするのかというと、**その人間が感じている感情、そして、その感情から出る波動によって**です。

いい気分だ、楽しい、嬉しい、喜ばしい、美しい、穏やかだ、などと感じていると、ザルの目が広がっていきますが、気分が悪いな、嫌だな、と感じていたり、怒ったり、悲しんだり、心配している状態ですと詰まってきてしまいます。

第一章で、人間は目に見えない波動を発していると書きましたが、人間は波動を発する発信機であると同時に、源《ソース》から来ているエネルギーの受信機でもあります。源《ソース》から来ているエネルギーというのは、常に愛や豊かさに満ちているのですが、いい気分に浸っているときは、自分が発する波動の質が源《ソース》から送られているエネルギーの質と近いものになっています。そして、その二つが同調しようとするため、だんだんザルの目が広がっていき境目があいまいになってくるのです。これが、ザルの目が広がって、愛と豊かさのエネルギーの恩恵を十分に享受できている状態です。

逆に、悪い気分や心配や怒りに自分が支配されているとき、自分が発する波動の質は源《ソース》からのそれと大きく異なるため、混じり合うことができず分離します。この状態がザルの目が詰まっている状態で、この状態ではせっかく豊富にあるこのエネルギーの恩恵をあまり受けることができません。

引き寄せの法則が働く仕組みの大枠としては、**いい気分になる→ザルの目が広がっていく→源《ソース》から降り注ぐ愛と豊かさのエネルギーを受け取れる量が増えるため、愛を感じることが多くなる**、ということになります。

ですので、**少しでもいい気分になれる思考を選ぶことがとても大事**なのです。いい気分になる方法については、第三章でみていきますが、このザルの目を広げれば、その先には、愛にあふれるエネルギーがいつでも豊富にあることを忘れないでください。

顕在意識と潜在意識

さて、このザルをもう少し詳しくみていきましょう。実はこのザルは、二重構造になっています。ザルの下側に、浸透膜のようなものがついているのです（あくまでイメージです）。思考の浸透膜とでも呼びましょうか。

この浸透膜の上側にあるのが潜在意識、下側にあるのが顕在意識と呼ばれるものです。顕在意識とはあなたがいつも生み出している思考です。自分でいくらでもコントロールできる部分です。この顕在意識のところにある思考はすぐには現実化されません。考えたことがすべて現実化するわけではないですものね。

ですので、一瞬誰かを憎んだり、一瞬ひどくネガティブな感情が湧き上がってきたとしても、その時間が短ければネガティブな現実は引き寄せませんので安心してください。また同様に、一瞬自分は幸せだとか大金持ちだと思っても、これも実現しません。

しかし、何度も何度も同じ傾向の思考が生み出されて、顕在意識の中である程度の濃度になって、あなたの中で疑いのない状態、あなたの本心や信念ともいえる状態になっていくと、この浸透膜からだんだんと上の方へ思考が浸透していきます。ザルの上、浸透膜の上には、潜在意識があります。

この**潜在意識まで浸透した思考は現実になる**のです。

第一章の冒頭で「無理なことを言う上司」や「育児に協力してくれない夫」「収入の少ない現状」といった例を挙げましたが、これらは、最初からそのように思っていなかったかもしれませんが、ときを経るにつれてあなたの中で当然のこと、全く疑っていない状態になっていった結果、それが現実化して固定されたのです。

それではなぜ、潜在意識まで浸透した思考は現実になるのでしょうか?

ハイヤーセルフ

ここからはさらにスピリチュアルな話になりますが、先に書きましたように信じるも信じないも全くの自由です。一種のファンタジーとして楽しんで頂いてもいいかもしれません。

さて本題ですが、ハイヤーセルフとか、内なる存在とか、本当の自分とか、そうした言葉を聞いたことがあるかもしれませんが（名前は何であってもよいのですが、ここではハイヤーセルフという言葉を使いたいと思います）、そのハイヤーセルフは、次の図でちょうどザルと浸透膜を境にしてそれより上のところ、潜在意識は含まれるが、顕在意識は含まれないところにいます（これもあくまでイメージです）。

実は、このザルと浸透膜はこの世とあの世の境界でもあります。

ハイヤーセルフとは、そのまま日本語にすると高次の自分です。高次とはつまり、次元の違う世界、次元の高い世界です。そして次元の高い世界とは、あの世のことなのです。人間は肉体は死んでも魂は生き続ける、ということを信じている人は多くなりましたが、実は肉体が死んでもあなたが死ぬということはありません。今ここで地球に生きている肉体は、このハイヤーセルフの一部が物質化して生まれてきているのです。ですので、肉体がなくなったとしても元のあなたに戻るだけなのです。

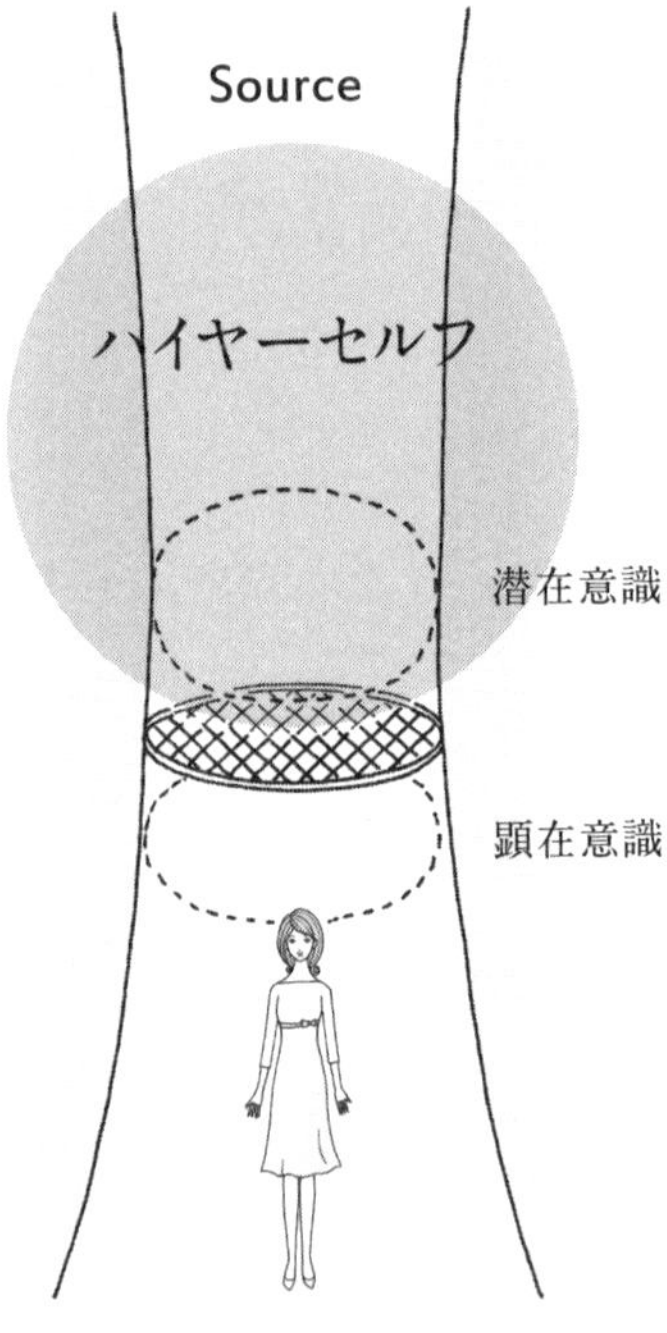

ハイヤーセルフはあの世の自分だと思うとわかりやすいでしょう。ハイヤーセル

フは、誰でも例外なくいる、というよりはあなた自身ですので、「私にはいないかも……」なんてことは絶対にありませんので安心してください。

　この図の通り、ハイヤーセルフと源《ソース》の間にはザルはありませんので、ハイヤーセルフは完全に源《ソース》とつながっている状態です。つまり、**ハイヤーセルフ＝源《ソース》＝神＝愛**という方程式が成り立ちますので、ハイヤーセルフは愛そのものです。さらには全知全能の神ともつながっているため、ハイヤーセルフにできないことはありません。どんなことができてしまうのかというのは、人知の及ぶところではないと思ってください。引き寄せの法則を意識して活用できるようになってくると、今まででは考えられない、あり得ないことが起こり始めますが、これはハイヤーセルフのこの能力のために起こってくるのです。

　ハイヤーセルフはあの世の自分、本当のあなたです。そして愛と光の存在であるハイヤーセルフは、あなたの思うことならなんでも叶えてあげたいし、叶えられる力を持っています。また図の通り、ハイヤーセルフの中にあなたの潜在意識があるので、あなたの潜在意識まで浸透した思考はハイヤーセルフには手に取るようにわかるのです。あなたのことを完全に理解してくれている、素晴らしく頼もしい存在なのです。

ただし、あなたの顕在意識は理解してくれません。あくまでも理解してくれるのは、潜在意識のみです。また、良い・悪いの判断もしてくれません。あなたにとって良いことであろうと、悪いことであろうと、あなたが潜在意識まで送り込んだ思考はすべて現実化してくれます。ですので、あなたにとって良いこと、あなたの本当に望んでいることを潜在意識に送りこむことが大事になってきます。

また、あなたが正しく宇宙に願いを放ったとしても（願いの放ち方は第四章に詳述）、一見嫌なことや受け入れられないことが起こることもあります。しかしそれも、ハイヤーセルフがあなたの願いを叶えるために起こした最善の出来事です。

あなたの潜在意識を完全に把握していて、あなたの潜在意識にあることを何でも叶えてあげたいと思っていて、どんなことでもできてしまうハイヤーセルフは、あなたが潜在意識へ思考を浸透させたとたんに、その思考を現実化させようと全力で頑張ってくれるのです。
これが、（潜在意識まで浸透した）思考の現実化が起こる仕組みなのです。

あなたには家政婦のミタがついている

ハイヤーセルフというのは、ガイドや教師というような捉えられ方をすることがありますが、ガイドではありません。ガイドだと思ってしまうとハイヤーセルフが導いてくれるのだと勘違いしてしまいます。

ハイヤーセルフはガイドではなくて、「家政婦のミタ＊」だと思ってください。と

＊頼まれたことは何でもやるが、常に無表情でミステリアスな家政婦を題材にしたＴＶドラマ

いっても、私は家政婦のミタをテレビで見ていなかったのですが、このセリフは知っていますよ。

「承知しました」

「それはあなたが決めることです」

「旦那様に言いつけられた用をするのが仕事です」

これらのセリフは、もしハイヤーセルフとお話ができたらまさに発しそうな言葉です。ハイヤーセルフはあの世にいて、全知全能の神と完全につながっていますので、何でも知っていますし、何でもできますが、「あなたが求めない限り」何も教えてくれませんし、ましてや導いてくれることなんてありません。私自身、本気で本を出したいと思う前は、その方向へ現実が動き出すことはありませんでした。ハイヤーセルフは、特に何かを意図しているわけではないし、どこか決まったところへあなたを導こうとしているわけではないのです。**何かをしようと思う**

のも、あそこへ到達しようと思うのも、何かを意図するのも、すべてあなた自身なんですね。

そんな一見ちょっと冷たいかのようなハイヤーセルフですが、あなたが何か決めたら、それを全力で、そして最善の方法で手助けしてくれます。ですので、いつも**あなたがまず自分はどうしたいのか、それを明確にすることが大事**になってきます。これが、望みを叶える第一歩なのです。ですから、自分の望みにまず素直になることです。起こってほしくないことを考えるのは、できるだけ少ない時間にとどめましょう。

宇宙は願いごと受付センター

あなたが発しているのは、波動の他にもうひとつあります。それがあなたの願いや望みです。誰でも、より良く生きたい、こうしたい、ああしたい、という望みを持っていて、それはとても自然なことです。良いの基準や、個々の望みは千差万別ですが、常に望みを発しています。そして、意識的にも無意識的にも、その望みを宇宙に放っているのですね。

実は、あなたが望みを放ったら、宇宙はあなたの夢や願望を叶える方向に動き出しています、といっても信じられないですよね？　だって、叶っていない夢や願望はたくさんありますから。

何故、叶わないのでしょうか?

その理由は実はひとつだけです。それは、あなた自身が抵抗しているからなんです。つまり、あなた自身が「そんなの叶うわけない」という思考を持っているからなんですね。

例を挙げてみてみましょう。お金持ちになりたいかどうかは別として、多少経済的に余裕のある暮らしをしたいと思う人は多いと思いますが、余裕のある暮らしをしている人と、していない人の違いというのは、何でしょうか？

それは、自分自身が、

「豊かさやお金が大好きだ」
「自分は経済的余裕がある暮らしをしてもよい」
「お金を稼ぐのは楽しいことだ」

といった思考を本心から抱いているかどうか、その違いだけなのです。生まれ、育ち、性格、能力、容姿、その他一切のことは関係がありません。

豊かになりたい、という望みがあっても、多くの人は、

「お金持ちなんかになれっこない」

「お金持ちになるには、何か悪いことをするしかない」

「自分がお金持ちになってもいいのだろうか？」

「生まれつきお金持ちでないと無理なんだ」

「お金持ちは冷たい感じがして嫌だ」


というようなそれを否定する思考を同時に持ってしまっているのです。

お金のことに限らず、このような、「できっこない」「なれっこない」「叶うはずない」「だから自分はそれが要らない」というような思考を抵抗と呼びます。

宇宙は、あなたの願望を受け止めて実現の方向へ動きだしますが、現実化するのは、あくまでもあなたの潜在意識まで浸透した思考ですので、あなたの思考があなたの望みの実現と矛盾していれば、実現しないんですね。というよりは、「そんなの叶うわけない」という思考が実現しているのです。本当に、あなたの思い通りに現実は創られているのです。

宇宙は、願いごと受付センターです。どんな願いでも、受付はしてくれます。しかし、それが現実化するにはあなたの許可がいるのです。**あなたの願望と、あなたの本心からの思考が一致していれば、必ず実現します。あなたさえ抵抗しなければ、願いは叶うのです。自分の願望の達成の邪魔をしているのは自分だけ**だということを忘れないでください。他の誰も邪魔しないし、邪魔できません。思考はあなただけのもので、他の誰もあなたの思考に入り込めないのですから。

次の章では、いよいよ具体的な引き寄せの練習法、つまりいい気分の保ち方や、自分の抱いている抵抗の外し方、願いの叶え方についてみていきたいと思います。

第三章　誰にでもできる引き寄せの練習法

Part1　良い現実の引き寄せ方

引き寄せの法則は知っているけれど

この本を読んでいる方の中にも、「引き寄せの法則というものがあるのはわかっているけど、どうすれば自分の願いが叶うのかわからないんだよね」という人がたくさんいると思います。また、これまでも引き寄せの本を何冊も読んだけど、結局使えるようにはならなかったという方も多いでしょう。

「引き寄せ」について書かれたものの多くは、信じ込んだことは実現するよ、本当に心の底から思っていることは実現するよ、と言っています。

例えば、あなたがもう少し経済的に豊かな生活を望んでいるとします。今は少し苦しい生活だとして、その生活の中で経済的に豊かな自分を信じろと言われても、少しの間想像することはできても心から信じ込めないですよね？

また例えば、恋人と別れたばかりだとします。そこで、恋人と楽しそうに笑い合っている自分を信じろ、と言われても無理です。例えば、病気だったとします。

そこで、自分を健康だと思い込め、なんて言われても無理なんです。私もそうでした。信じ込んだり、思い込んだりする、そこができない。だから自分には引き寄せの法則なんて使えないんだ、と。

これは基本ですが、できないこと、無理なことをする必要はありません。できないこと、無理なことをしようとすると、余計な抵抗を生み出すことになり、これは望みを遠ざける方向へ行ってしまいます。信じられないことを無理に信じる必要はありません。この本に書いてあることも、自分が納得できることだけを信じてください。

もし疑問が出てきたら、疑問のまま残しておき、「私はこれが疑問だから、私に合った回答があれば嬉しいなあ」と考えてみてください。宇宙は素直なあなたの望みを叶えてくれるので、必ずどこからか回答がもたらされます。

ここで最初のポイントですが、**「回答が欲しいなあ」ではなくて、「回答を得られた自分は嬉しいだろうなあ」**と考えることです。

「回答が欲しいなあ」では、思考の中に「回答がないのでそれを必要としている自分」がいますので、その立場がそのまま現実化します。そして、不足感の波動が出ますので、不足をそのまま引き寄せるのです。

一方、「回答を得られた自分は嬉しいだろうなあ」という考えでは、思考の中に回答が得られた自分がいて、喜びの波動が出ています。ですので、回答を得られて喜んでいる自分が現実化していくのです。**「こうなったら嬉しい」ということを素直に望んでください。**

すごく微妙な違いかもしれませんが、これは大事です。宇宙はあなたの思考と波動を正確に映す鏡ですので、**あなたが現実化したいことを、正確に宇宙に放つのです。そして、今どんな波動が出ているのかに敏感になってください。**

あなたは、何かを欲しがっているという状態を現実化したいわけではないのです。何かを手に入れて嬉しい気分、幸せな気分になりたいのです。そうならば、嬉しい自分、幸せな自分を素直に望み、その波動を出してみてください。その**素直な望みと波動こそが、あなたが望む現実を創造する始まり**なのです。

選択できる範囲で、気分が良くなる思考、ラクな思考を探す

ここから、毎日の生活の中でできる引き寄せの練習法に入っていきます。第三章と第四章では、これまでは解釈が難しく日常でどのように行動すべきか掴みづらかった「引き寄せの法則」を、みなさんの誰もが実践できるよう、具体的に練習法をお伝えします。

先ほど、「今は生活が苦しくて、もう少し余裕のある経済状態を望んでいる」という例を挙げました。お金を使わなくても生きていける人は、少なくともこの日本社会には今現在いないかと思いますので、お金については意識の程度はあれど、誰でも関心があると思います。ですので、まずこの例を取り上げたいと思います。

先ほども書きましたが、いきなり「自分の経済状態は豊かだ」なんて思い込むのは無理なので、無理はしないでください。あなたのしなくてはいけないことは、

自分の信じられる範囲で、今の「生活が苦しい」という思いより、少しだけ気分の良くなる考えを見つけることです。

例えば、

「生活は苦しいかもしれないが、食べるのには困ってないな」
「生活は苦しいかもしれないが、昔よりは良くなっているな」
「生活は苦しいかもしれないが、昨日食べた○○は美味しかったな」
「生活は苦しいかもしれないが、少し切り詰めたら欲しかった○○は買えそうだな」
「生活は苦しいかもしれないが、とりあえず明日は給料日だな」
「生活は苦しいかもしれないが、今日はかわいいあの子と話ができたな」

このような感じで、今よりほんの少しでかまわないので、いい気分になれる考えを探していくのです。少しでも気分が良くなり、そして自分の中で抵抗が起きない、本当のことであれば何でもかまいません。自分自身が右脳も左脳も、つまり感情的にも思考的にも納得しているということが大事です。「生活は苦しいけど、明日宝くじが当たるはずだ」と思うと、「そんなことあるわけないだろう」という思いが出てきて抵抗を感じると思いますが、この例でしたら、特に抵抗を感じず思考をめぐらせることができるのではないでしょうか？「生活は苦しいかもしれないが、とりあえず本は読めているな」でもいいですね。これなら、この本を読んでくれている方全員にあてはまりますね。

引き寄せの法則は正確に働きますので、あなたが少しでも気分が良くなって良い波動を発していけば、少し気分の良くなる現実が引き寄せられてきます。そこで、少し気分の良くなる現実が引き寄せられてくると、さらにそこから少しだけ気分の良くなる思考を選ぶことができます。そして、また少し気分の良くなる現実が引き寄せられ……と、正の連鎖が始まっていくのです。

何事も一気に到達はできません。お金の問題に関していえば、お金がなくとも、本当に自分はお金持ちと信じ込んで、豊かな波動を発することができれば、その現実も引き寄せることができますが、それができないので誰もが苦労していると思いますので、少しずつやりましょう。

一気にはいきませんが、この**「少し気分の良くなる考えを探す」**ことは、最初は難しいこともあるかもしれませんが、やっているうちに段々とうまくなってきて、どんどん現実が良くなってくるスピードもアップしていきますので、長い道のりだと思う必要はありません。ゲーム感覚で探してみてください。

どうですか、これならできそうだと思いませんか？　最初は、こんなことに何の意味があるのかと思うかもしれません。しかし、「生活が苦しい」と思っていれば、現実になるのは「苦しい生活」だけなのです。思考をちょっと気分の良い方向へ向けても、何の損もしませんので、まずはやってみてくださいね。

引き寄せの考え方でもっとも重要なところですが、とにかく、**今の自分の思考と波動と同じものを引き寄せ続けるのです。つまり、自分にないものは引き寄せられない**のです。ですので、今の経済状態を改善したければ、まず、**今の経済状態の**

中にいいところを見つけ、その中に幸せを感じる必要があるのです。そうすると、そこで感じた幸せが、次の幸せを連れてきてくれます。

すぐに、劇的に状況が変わるわけではありません。しかし現実は、あなたの少しの波動の変化をも反映して変化していきますので、少しずつ、少しずつ、良い方向へ向かっていき、半年や一年後には大きな変化になっています。**「今より、少しだけでかまわないので、いい気分でいられる思考を選択する」**だけでいいのです。この基本をいつも意識して頭の中で実践してみてください。

また、誤解のないよう書いておきますが、このやり方は、現状のいいところを感じてそこで満足し、それ以上求めない、いわゆる「足るを知る」ということを促しているわけではありません。足るを知ると満足を引き寄せますので、足るを知ることは大事ですが、足るを知って、そこからさらに求めることができるのです。足るを知ることは、本当の意味での喜び、楽しさ、幸せ、豊かさ、そして自由の追求のほんの第一歩なのです。終わりはありません。自分の望みに応じて、自分の好きなだけ追求していくことができますが、まずは初めの一歩が大事ですので、小さなことから実践してみてください。何度でも書きますが、**あなたの思考と波動があなたの現実を創りますので、あなたの思考と波動をまず変えていかなければ何も変わりません**。

次にもうひとつ、会社が嫌で行きたくないけれど、お金のために仕方なく行っている人の例で考えてみましょう。こちらも基本は同じで、「仕事そのものや、会社に行くことに関して、少しでも気分の良くなる考え」を探していきます。

「会社に行くのは嫌だけど、自分のやっているこの仕事のこの部分は好きだな」
「会社に行くのは嫌だけど、○○さんとは気が合うな」
「会社に行くのは嫌だけど、もうこの仕事も慣れているし、ちゃんとこなせているな」
「会社に行くのは嫌だけど、通勤時に見えるこの景色は気に入っているな」
「会社に行くのは嫌だけど、とりあえずこの会社の業績は安定しているな」

「会社に行くのは嫌だけど、自分の関わっているあの仕事は、○○さんの（または社会の）役には立っているな」

「会社に行くのは嫌だけど、今度の社内ゴルフコンペは楽しみだな」

こちらも、自分が抵抗を感じない範囲で、少しでも気分の良くなる考え、少しでも会社のいいところを見つけることができればどんなことでもいいのです。無理に会社のことを好きになる必要はありません。

もし、少しでも気分の良くなる考えがひとつも出てこない場合、これはちょっと重症ですので、その場合は思い切って環境を変えるのもひとつの方法ではあります。ですが、ひとつもいいところが思い浮かばないほど会社が嫌になってしまっているということは、嫌な部分にフォーカスするクセがついてしまっている証拠なのです。ですので、その思考のクセを変えていかなければ次の会社でも同じ環境を引き寄せてしまいます。思考と波動が現実を創っていきますので、そこを変えなければ、何も変わらないのです。

このように、自分が現在不満を抱いている現実に対して、無理のない範囲で、少しだけ視点をずらし、違う方向から見てみてください。あなたが不満を抱いている現状は、**現状が先にあってあなたが不満を抱いたのではなく、あなたが不満を抱いたから、現状がその通りに創られている**のです。ですので、不満のまま何もしなければ、現状はずっとそのままです。少しだけでかまわないので良い方向から現状を見て少しいい気分になるだけで、創られる現実というのは徐々に変化していきます。

人生を創造するとは

スピリチュアル関連の書籍等を読んでいると「創造」という言葉が多く出てき

ます。この本でも、自分で自分の人生を創造する方法について書いていますが、「人生を創造できる」と聞いてどう思いますか？　そう言われても、起こることは自分でコントロールできないし、ましてや創るなんて？　と思いますよね。スピリチュアルや引き寄せの本で書かれている創造というのは、起きることをコントロールしたり、何か行動を起こしたり、何かを具体的に形作ったりするということではありません。そうではなくて、**自分に起こったことやそこにある物や人に対して、どのような考えを持つか、そしてそこからどのような感情を感じるか、それを「自分で選択する」**ということなのです。

例えば、誰かに「あなたはダメな人だ」と言われたとします。そこで、普通はムカついたり、怒ったり、悲しんだりして終わってしまうかもしれません。しかし実は、もっと多様な選択肢があるのです。

「もしかして私はあの人の言うように本当にダメな人なのかもしれない」

「そんなことを言うなんて、本当にひどい人だ」

「信じられない！　許せない！」

「あの人は私のことを何もわかっていない」

「もしかすると、あの人にも何か嫌なことがあったのかもしれない」

「あの人の意見はあの人の意見として、自分は自分のことを知っている」


この6つのうち、どの思考を選ぶか（もっとあるかもしれませんし、もちろん複数選んでも良いのですが）、それは**あなたが決められる**ことなのです。起こる出来事は選べませんが、それに対し、どう思うかというのは自分で決められます。

思考とそこから生まれる波動が現実を創りますので、思考を選ぶことにより、あなたの波動が変わり、引き寄せる現実が変わってきます。思考を選ぶことにより、自分で自分の現実を創っていることになるのです。それを「創造」と呼んでいるのですね。

思考と波動が現実を創っている仕組みにさえ気づけば、自分にとって良い現実を創造していくことができます。**自分の思考と波動を意識的に選ぶことにより、人生を自分で創っていくことができる**のです。

ポジティブシンキングとは言うけれど

ポジティブシンキングでいこう！　とはよく言われることで、これ自体は大変素晴らしいことです。引き寄せの観点からみても、ポジティブなことをいつも考えていれば、当然ながらポジティブな現実を引き寄せます。ですが、人ってそんな、いつでもどこでもポジティブでいられませんよね。いくらポジティブな気持ちを保とうと自分で決めても、いろいろなことが起こります。

そこで、ずっとポジティブな気持ちを保つのなんて無理だ、引き寄せなんて私には無理なのよ、と多くの人が躓いてしまいがちなのですが、実はずっとポジティブに保つ必要はありません。無理にやる必要は全くないのです。無理にやっても、心からポジティブにはなれませんよね。逆に、その違和感からネガティブな感情が出てきてしまうと思います。

無理にポジティブに変換してしまうのではなくて、**「自分ができる範囲で、できるだけポジティブな思考を選ぶ」**ということでよいのです。自分が心からそう思えて納得できる範囲、できる範囲でよいということを忘れないでください。

先ほどの例でみてみましょう。もし、あなたが誰かに「あなたはダメな人だ」と言われた場合です。この場合、よほど特殊な人でない限り、すぐさま「ダメなところを指摘してくれてありがとう、ありがたい、嬉しい！」と、上辺だけでなく、心から気持ちをポジティブに持っていける人は少ないでしょう。そうできる方はそれでよいのですが、できない方は無理にポジティブになる必要はありません。

この状況における、思考の選択肢をもう一度みてみてください。

①「もしかして私はあの人の言うように本当にダメな人なのかもしれない」

②「そんなことを言うなんて、本当にひどい人だ」

③「信じられない！　許せない！」

④「あの人は私のことを何もわかっていない」

⑤「もしかすると、あの人にも何か嫌なことがあったのかもしれない」

⑥「あの人の意見はあの人の意見として、自分は自分のことを知っている」

①〜③に比べ、④〜⑥つは幾分自分にとって心地よい感情をもたらしてくれますね。ポジティブシンキングとは言えないまでも、ネガティブには傾いていません。

何か不愉快なことが起こったとき、思考の選択肢を考えるとともに、自分の感情に注意を払ってみましょう。自分にとって少しでも心地良い感情、というのは、ゴーサインだと思ってください。**自分が思いついて、抵抗なく受け入れられる思考**

の選択肢の中で、できるだけ自分の心地よいもの、気持ちの落ち着く考えを選ぶのです。

⑥と思うのが無理なら⑤、⑤と思うのが無理なら④でよいのです。また、①の自己否定の状態よりは、②や③の相手を非難したり、怒っている方が、波動の状態としてはまだましです。**自分の心に嘘をつく必要はありません。**というよりは、嘘はつかないでください。無理する必要はないので、一番ましなものを選ぶというところで大丈夫です。これまで①を選んでいた人は②か③、②や③を選んでいた人は④、④を選んでいた人は⑤や⑥というように、少しずつステップアップしていきましょう。

ここで、エイブラハムの感情の二十二段階、というのをご紹介しておきたいと思います。

❶ 喜び、感謝、創造者としての自信、自由、愛

❷ 情熱

❸ 熱意、やる気、幸せ

❹ 確信、信念

❺ 楽観

❻ 希望

❼ 満足

❽ 退屈

❾ 悲観

❿ 不満、いらだち、短気、焦り

⓫ 敗北感

⓬ 失望

⓭ 疑い

⓮ 心配

⓯ 非難

⑯ 落胆
⑰ 怒り
⑱ 復讐
⑲ 敵意、激怒
⑳ 嫉妬
㉑ 危機感、罪悪感、自己卑下
㉒ 恐れ、悲痛、憂鬱、絶望、無力感

（"Ask and It Is Given"より著者訳す）

どんな感情でも、持ってはいけないものはありません。怒っても、悲しんでもいいのです。ただそれらは、あなたの望んでいない感情だと思います。そこから望む感情を手に入れるには、まず今の自分がどういう状態なのか、どの段階にいるのか、それを外側から眺めるような感じで俯瞰してみてください。自分の感情と波動を完璧にコントロールする必要はありませんので、ネガティブな感情が湧いてきたとしても自分を責めないで、ただ今の自分の状態に自分で気づくようにしてみてください。

そして、先ほどの例のように思考の選択肢を探し、思考をスライドしていき、それによって生まれる感情を変えていくのです。一気に上がろうとするのではなく、少しずつ、できる範囲で実践してみてください。

最終的に、あなたが、起きている時間の五十パーセント以上を❶〜❼の状態で保つことができれば、あなたの目に見える現実は、あなたが望むように変化し始めます。また、七十〜八十パーセントを超えてくるようになると、望みが難なく叶い、毎日が楽しいことや幸せなこと、豊かなことで満たされているというようになってきます。百パーセントにする必要は全くありませんので、少しくらいネガティブな感情を持ったとしても全く問題ありません。私にもネガティブな感情はもちろんありますが、それでも望むことを次々と引き寄せています。どんなときも気楽でいることが大事です。

正の連鎖　負の連鎖

さきほどの例で①の思考を選んだ例を見てみましょう。もしあなたが①の思考を選んだ場合、思考の中に本当にダメな自分が存在しますので、そのダメな自分を味あわせてくれるような現実がさらに用意されるようになります。そこで、また自分はダメだと思い、さらにそのような現実が用意され……、という悪循環としか呼べない事態に陥ってしまいます。ネガティブなものはネガティブな現実しか生み出しません。あなたの傷ついた気持ちはわかりますが、**そこでネガティブに落ち込んでも、今後のあなたにとっていいことはひとつもない**のです。

同じ「あなたはダメな人だ」と言われた事象を起点として、正の連鎖へ持っていくこともできますし、負の連鎖へ持っていくこともできます。それは**あなた次第、しかも、あなたのちょっとした思考の選択の仕方次第**なのです。あなたならどちらの連鎖を選びたいですか？

起こる出来事に心が反応するままに任せて、自分の思考に注意を向けていなければ、思考は簡単にネガティブに傾きやすくなっていきます。というのも、誰でも思い当たるふしがあるかもしれませんが、人間は悲劇のヒロイン（ヒーロー）を演じるのが好きな性質がありますから。

自分を可哀想だと思っていれば、そんな自分に同情して優しくしてくれる人がいるかもしれないとか、自分が大変な環境にいると思っていれば、大変なのに自分は頑張っているなあとか、こんな環境だから仕方ない、なんて自分を慰めることができるのです。そんな風に考えるのは自然なことのように思いますよね。

生まれつき楽天家の性質を持っている人もいて、私自身もどちらかというとその部類と思いますが、そんな私でも以前はずいぶんとネガティブな思考を持っていたな、と思います。しかし意識して思考を選択するように心がけると、どんどんと気分の良くなる思考の選択肢というのは思いつくようになってくるものです。最初は難しいと感じることもあるかもしれませんが、何事もそうですが練習しているうちに、いくらでも思いつくようになってきます。

この方法で少しでも自分が心地よいと感じる考えを選択をしていきますと、早い人で二週間、平均的な人で一ヶ月、これまで自分は悲劇のヒロイン（ヒーロー）を演じてきた自覚のある人ならもう少しかかるかもしれませんが、それでもそれほど長い時間を経ずに、「あれ、最近なんかいいことが多いな」とか「最近悪いことがあまり起こらないな」ということをはっきりと感じるようになってきます。いい気分を感じていると頭の上のザルの目が広がってくるので、源《ソース》から受け取れるエネルギーの量が多くなるため、いいことに気づきやすくなってくるのです。

またそこまで来ますと、自分の思考が自分の現実を創っているというはっきりとした自覚ができてきますので、さらに思考に注意を払うようになってきて、正の連鎖が始まってきます。

そして、この正の連鎖には終わりはありません。あなたの望みに応じて、少しずつではありますが、どんどん良い現実というのが拡大していきます。いきなり、10の状態から90へとは行けません。でも、10から20へ、20から30へは、自分の見方をちょっと変えるだけで行けるのです。続けていると、少しずつ現実に変化が訪れ、気づいたら大きな変化になっているでしょう。

いいことノート

さて、選択できる範囲で、気分が良くなる思考、ラクな思考を選ぶという引き寄せの練習方法をみてきましたが、あなたの現実の中で特に不満な面を改善したい場合には、頭の中で考えるだけでなく**書き出してみるとさらに効果的**です。小さなノートを買って「いいことノート」と名付け、自分が不満を感じている対象に対して「あなたが少しでもいい気分になれる側面」を書き出して、読み返す作業をやってみてください。

例えば勤めている会社に不満を持っている場合は、先ほどの例のように、会社について、自分が少しでもここはいいなと思えることを書き出して、そして「いいな」と思っている感情に浸ってみてください。この、**いい気分を実感する、というところが大事です。実感したことが波動となって表れて、それと同じ波動のものを引き寄せていく**からです。

ここで、人によってはあまりに会社が嫌いになってしまっているために、会社のいいところを考えるのに恐怖や抵抗を感じる場合もあるかと思います。会社のいいところを探して書き出して実感してくださいというと、辞めたいほど嫌なのにいいところを探すなんて、その嫌な会社にずっととどまらなくてはいけない、と言われているように感じるかもしれません。

でも、そうではないのです。あなたが会社の良い面に思考を向けるようになってくれれば、必ず現実が変わってきます。今までは考えられなかったような、状況の変化が起こってきます。人によって起こってくることは様々で、あなたの望みに応じたものになりますが、具体的に、自分の興味のある仕事に配置転換されたり、突然嫌な上司がいなくなって尊敬できる上司が転勤してきたり、休みが増えたり、昇進昇給したりということです。また、会社のいいところを探しているうちに、「うちの会社もまんざらでもないな」と思えるようになったところでもっと自分の望みに沿ったところへ転職できるということもあり得ます。

ですので、会社の良い面を探すというのは嫌なところにとどまらなくてはいけないということではなく、嫌な現実があなたにとって良い方に変わってくるということなのです。この現実が変わってくるというところまで来ますと、あなたが、会社のこんなところが嫌だと不満を抱いていたその思考と波動が現実を創り出していたことに気がつくでしょう。

これは、もちろん会社だけではなく、配偶者に不満がある、恋人に不満がある、親に不満がある、子供に不満がある、学校に不満があるなど、何にでも使えます。いいことノートは、必ずあなたにとって良い現実をもたらしてくれますので、ぜひ一度やってみてください。できるだけ疑わずに続けていると、一ヶ月もしないうちにあなたの現実に驚くような変化が起きてきますよ。

目の前のことにワクワクを見つける

自分がワクワクしていれば、その状態が次の現実を引き寄せますので、次のワクワクを連れてきてくれます。でも、この「ワクワク」を表面的に読むと、今の仕事はワクワクしない……、辞めたほうがよいのかな？　と思う人がたくさんいるかもしれません。

でも、そういうことではないのです。ワクワクすることを見つけるために、外にワクワクを探しに出よう、ということではありません。

そうではなくて、まず、**目の前のことに、あなたの生活の中にワクワクを見つけてみてください**。どんなに自分が退屈な日常だと思っていても、探せば必ずありますから。

これは、「少しでもいい気分になる思考の選択」と同じことです。これまでと同じものを見たとしても、あなたはこれまで以上にいい気分になれる思考を選択することができるのと同じで、同じ職場に行ったとしても少しでもワクワクすることを見つけることができるのです。

「今自分が選べる選択肢の中で一番ワクワクすること」を考えて、やってみてください。例えば、家を出るとき「嫌な会社に行く」と考えるのではなくて、「朝日を浴びよう」と思って出てみる。会社に行ったら、ＡとＢとＣという仕事をやらなくてはいけないとしたら、そのうちどれが一番好きか考えて、その仕事からやってみる。ランチはいつもコンビニ弁当だけど、今日は好物のインドカレーにしてみよう、という風にです。

こう考えると、毎日の生活の中でワクワクすることが全くないとか、やりたいことが全くない、というのはあり得なくなってきます。

今現在のあなたの中に、あなたの生活の中に、幸せも、ワクワクも、やりたいことも全部あるのです。あると思えばあるし、ないと思えばないのです。

これは全部あるから、その今の現状で満足してそれ以上求めるな、ということではもちろんありません。そうではなくて、目の前にワクワクを見つけるようにしていると、そのワクワクが次のワクワクを引き連れてきてくれ、さらに、そのワクワクが次のワクワクをと連鎖していき、気がつくと自分の周りはワクワクでいっぱいということになるのです。

最初は小さなワクワクかもしれませんが、それでかまいません。なぜなら、**小さくても大きくても、宇宙は「この人はワクワクの波動を出してるな」と判断して、ワクワクできるような現実を返してくれます**から。小さなワクワクが、大きなワクワクへの切符となるのです。

一気に、自分の周りを百パーセントワクワクで満たす必要は全くありません。もし百パーセントワクワクで満たすことができたとしたら、そのうち何がワクワクかわからなくなってきてしまいますよ。

目の前の小さなワクワクを見つける、ということを繰り返していけば、あなたにとっての奇跡が起こり始めます。そして繰り返すうちに、本当に自分が人生を創っているんだ、と思えるようになるでしょう。そうすると、あなたはもう魔法使いになったも同然です。

不愉快な人や出来事に出会ったら

不愉快な出来事が起こったり、不愉快な人に出会ったりというのは生きていれば必ずありますね。これからは、不愉快な出来事や人に出会ったら「大きなチャンス！」だと思ってくださいね。どんなチャンスかというと、**「あなたの本当の望みを知るチャンス」**です。というのも、あなたが不愉快に感じる裏には必ずあなたの望まないことが隠れています。ですので、その反対側に必ずあなたの望むことがあるのです。

例えば職場で、何にでも批判的な人が誰かの悪口を言っていたとします。あなたは不愉快になりました。そこで、あなたの望みというのは、「誰もが人それぞれ、他人の違いを認め合い、許容し合える職場の人間関係」ということになりますね。また例えば、給料日前でお金がありません。あなたは不愉快になりました。そこで、あなたの望みというのは、「いつでも、経済的な余裕のある生活」ということになります。

不愉快な出来事や人に出会うと、どうしても嫌な気分になってしまいますが、一瞬嫌な気分になるのは人として当然のことなのですが、まずは、今の気分に自分で気づくことが大事です。そして、その気持ちが落ち着いたら、その反対側にある自分の望みを確認する作業をやってみてください。そうしているうちに、嫌な気分は薄れ、あなたの望みに焦点が合っていきます。

のちほど望みの叶え方をみていきますが、**自分の望みを自分で知ることや、望まないことではなくて、望むことに焦点を当てる**ことは本当に大事です。それが、あなたの望みを現実化させていく最初の一歩なのです。

どうしてもいい気分になれないときは

引き寄せ＝いい気分になれる思考の選択、と言ってもいいくらい、いい気分になることは大事です。ただ、やはり最初はいつでもどこでもいい気分になるのは難しいこともあるでしょう。

そんなときは無理する必要はありません。とりあえず目の前のことは忘れて、美しい景色でも見に行きましょう。美しいものをただ美しいと感じるだけで、あなたの頭の上のザルの目は広がる方向へいきます。人間は、美しいものを美しいと感じながら同時に嫌な気分やストレスを感じることはできません。どんなに大変な状況にいても、あなたは、すぐに自分の気持ちを心地良くさせることができるのです。

また、好きなお笑いを見るというようなこともおすすめです。笑う門には福来る、とはよく言ったもので、理由はどうあれ笑っていれば、それは笑顔になれるような現実を引き寄せます。他にも、物理的に予定をたくさん入れて忙しくしてみたり、気の合う友人に会ったり、スパやエステに行って癒されたり、自分を喜ばせてあげましょう。

気分の良くなる思考がどうしても探せないときや、どうしても気分が晴れないとき、一番自分にとって益のないのは、その嫌な気分を引きずることです。その気分を引きずっていれば、嫌な現実がますます強化されていくだけです。無理して気分を上げる必要はないのですが、ただその嫌なことをできるだけ忘れる時間をつくってみたり、切り替えて別のことに目を向けましょう。

意図する

毎日、意識せずに生活しているとただ流れに任せたまま日々が過ぎ去ってしまいますが、その中に「意図する」ことを、取り入れてみてください。

「意図する」というのは、例えば今日一日をどんな風に過ごしたいかを明確に宣言するということです。

「今日を楽しむ」
「今日を感謝で満ちたものにする」
「今日は穏やかな気持ちで過ごす」

このような感じです。具体的な望みを確認することとはまた別です。（それについては、第四章でみていきます）望みに素直になることは大事ですが、そこだけを見ていたり、そこにこだわったりすると、その状態と今の状態を比べることになって、いい気分でいるということの役にはあまり立ちませんし、ときには執着を引き起こすことにもなります。ですので、望みはそれはそれで置いておいて、日々の生活で、例えば「今日は楽しむぞ」という風に毎朝でも意図してみてください。

何故、意図するのが大事なのでしょうか？　それは意図することによって、あなたの見えない世界の応援団が動けるようになるからです。ハイヤーセルフは、導いてくれるガイドではなくてあなたの決定に従って動いてくれる家政婦さんだとお伝えしましたが、**あなたの決定がなければ動けないのです。**あなたが意図することが大前提なのです。あなたが意図しない限り、何も教えてくれないし、何もやってくれませんが、意図したとたんに全力で助けてくれたり、ヒントをくれたりします。ですのでまず、自分はどうしたいのか、それをはっきり自分で認識し、意図するのです。あなたが自分で意図する、**あなたが自分で決定するのがすべての始まり**です。

あなたには頼もしい応援団がついていますので、自分が意図することにより、ぜひ、それを活用してみてください。

感謝

感謝、ありがとうという感情は、ポジティブな感情の中でも最高峰のものです。エイブラハムの感情の二十二段階でも、最高位にきています。しかし、感謝が大事です、とただ言ってしまうと、どんなことがあっても、自分に無理してでも、「ありがとう」って思っていればいいんだ、という方向へ行ってしまいがちですね。自分に無理してありがとう、と思ったり言ったりしても、言わないよりは随分ましですが、あまり意味はありません。あなたの現実を引き寄せるのは、あくまであなたの「本心」の部分なのです。どんなときも、まず自分に嘘をつかないことが大事です。

無理にありがとうと思う必要はないので、まず**自分の現実の中に、自分が本当に感謝できるものを探してみましょう。**

自分から探してみれば感謝できるものはそこらじゅうに転がっていることに気づくと思います。今日、あなたの食べたものを生産してくれた人、運んでくれた人、調理してくれた人、あなたの乗った電車を運転してくれた人、日々点検してくれている人や駅員さん、あなたの使っている携帯電話やパソコンを組み立ててくれた人、売ってくれた人、運んでくれた人、などなど。探せばきりがありません。

また例えば、あなたが脱原発派で、東電が大嫌いだったとしても、道の電線で作業している東電の作業員の方を見たとしたら（下請けかもしれませんが）、やっぱり、感謝できると思うのです。

あなたの生活は、驚くほど多くの人がいろいろなことをやってくれなければ成り立たないわけで、そこに思いをめぐらせれば容易に心から感謝することができるでしょう。たった一日、感謝できるものを探してみるだけでも、すごい数になりますよ。

またこれまで説明してきたように、いい気分でいられる思考の選択を心がけたりいいことノートをつけたりしていると、しばらくすると現実が変わってきたと感じるはずです。そのとき、心の底から感謝があふれてくると思います。自分で意図して自分にいいことが返ってきたときや、自分のやりたいことが現実になったときの素晴らしさというのは格別です。自分にも感謝、その実現を助けてくれた人や、神様、仏様、宇宙様、ハイヤーセルフ様、もう何でもありがとう、という気持ちになります。小さなことでも、自分が自分の人生を創造していると感じられたとき、その素晴らしさと言ったらありません。

感謝は、次の感謝をしたくなるような現実を引き寄せます。これは、最高の正の

連鎖です。まず現状のいいところを見つけて、いい気分でいて現実を変えていきましょう。そうすると、自然と感謝も湧き上がってきます。それも本心から。そして、それが次の感謝へつながっていきます。

感謝できるようになればなるほど、当然ですが良い現実の引き寄せもうまくなってきます。あなたの正の連鎖をスタートさせることができるのはあなただけです。

「不足」ではなく「充足」を見る練習

お金や豊かさを引き寄せるには、まず、自分が満たされている、とか、豊かだ、と思い感じる必要があります。それは難しいようですが、今の生活のままでもそう感じることは可能です。

スーパーでもコンビニでもどこでもいいのですが、ほぼ毎日何か買い物をしていると思います。そこで買ったとき、買ったものを見て、ただ「私は必要なものが買えた、必要なものを手に入れた」と思い、〝在る〟ことを意識してみるのです。そして豊かさを感じてみましょう。目の前に買ったものがあるので、そう思うのに抵抗もないですし、充足感を感じることができるでしょう。充足感を感じ切れば切るほど良いです。

その際に、「私は必要なものが買えた、お金さん、ありがとう」と、お金にも感謝を送ってみるとなお効果的です。その感謝を、その物を売ってくれた人や作ってくれた人にまで広げるとさらに良いですね。物を買う際に毎回毎回、これをやっていれば、だんだん潜在意識まで、「自分は必要なものを持っている」というのが染みついていきます。そうすれば、本当に必要なものは必要なときに手に入るようになります。

お金に感謝、というのもよく言われることですが、これもただむやみやたらと感謝するのではなくて、「自分が充足感を感じている」ということが大事です。**あなたが感じている充足感が、あなたに充足をもたらします。**

また、お金というのはどうしても減っていくほうに気を取られがちです。しかし、お金が減ったということは、その反対側には必要なものや経験を手に入れている自分が必ずいるはずです。使ったからなくなっているのですから。減ったお金のことを考えるのではなく、必要なものや経験を手に入れたことにフォーカスし、そこに感謝するようにしてみましょう。

幸せになる方法

どんな人でも、自分の生活の中で、すべてが不満だということは絶対にありません。どこかしら、気に入っているところ、幸せを感じるところがあるはずです。そこを見てください。「いいことノート」はまさにそこを見る、という練習です。

とは言っても、「いやー、いいところを見ても悪いことはなくならないし、やっぱり悪いことのほうが気になっちゃうんだよね……」という方もいますよね。そういう方は、いいことより悪いことを見るクセがついてしまっているだけなのです。ちょっとしたクセなので、気をつけていれば徐々に直っていきます。

思考をこれまでとは逆にしてみてください。「ここはいいけど、ここが不満だ、だから私は満たされていない」という思考から、「私はここがちょっと不満です、でもここはとっても幸せ。だから、私ってとっても幸せです」というように。

これなら無理なくできるのではないでしょうか？　不満を無理に消してしまうのではなくて、不満は不満として置いといて、幸せなこと、いい気分になることを重点的に考えるのです。

とにかく、**頭の中だけでいいので幸せの割合を増やしていく**のです。人生は、どれだけ頭の中を幸せにできるかのゲームだと言ってもいいくらいです。

あなたの今の外の状況が、幸せ：不幸＝5：5だったとしても、頭の中を、幸せ：不幸＝6：4にすることはできます。そして、あなたの頭の中を6：4に変えると、現実もそれを反映して6：4になってきます。7：3になると7：3に、8：2になると8：2になっていきます。

地球上で生きている限り、10：0にはなりませんが、10：0へ近づくことはできます。なぜ、10：0にはならないかというと、あなたは地球に生まれる前は10：0の世界にいたのですが、そこがつまらなくなったか、そこにずっといて幸せが何なのかよくわからなくなってしまい、不幸がどんなものか味わってみたくなったか、そんな理由で自分で望んでこの地球へ生まれてきたからです。

嫌な人に出会ったり、嫌なことがあったら、「あ、自分はこういうことを体験したかったんだなあ、ラッキー」と思えたらしめたものですね。最初はそこまで思えなくても全く問題ないですが、この、幸せになる方法はぜひやってみてくださいね。

「私はここがちょっと不満です、でもここは幸せ。だから、私ってとっても幸せだ

なあ」と、自分の頭の中を幸せにすることができれば、必ず現実が幸せになってきます。

瞑想

日本で生まれて、無宗教ともいえる家庭で育った人であれば、これまで瞑想をする機会などなかったと思います。私もそうでした。スピリチュアルの世界にすでに足を踏み入れた方なら、しばしば「瞑想がいいよ」ということを聞いたことはあるかもしれませんが、実際にやったことのある方は少ないのではないのでしょうか。

そもそも、瞑想って何でしょうか？　何のために瞑想するのでしょうか？　そして引き寄せと瞑想はいったい何の関係があるのでしょうか?

第二章で、あなたの周りは愛と豊かさのエネルギーに満ちていて、頭の上のザルの目を広げていけばそのエネルギーが受け取れる、ということをみてきましたが、瞑想は、余計な思考を取り払って、ザルの上にある源《ソース》からのエネルギーを受け取りやすくする手助けをしてくれるのです。瞑想をするとあちらの世界とつながりやすくなってくるんですね。

瞑想についても無理する必要は全くないので、自分が心の底からやってみたい、と思ったときが始めどきです。

やり方としては、気に入った本やCDを参考にしてもよいですし、静かで一人になれる場所で、ヒーリング系の好きな音楽に合わせ、リラックスして呼吸するだけでもかまいません。1・2・3で吸って、4・5・6・7・8で吐く、を繰り返します。意識してリズムに合わせて呼吸をすることが大事です。最初は雑念があっても全くかまいません。ただ、雑念が浮かんできたら、呼吸に意識を戻すようにしてみてください。そして、できるだけ毎日続けてみてください。

毎日続けてしばらくたつと、手先や足先にピリピリとした何かを感じるようになる人もいるかもしれません。私の場合、日によっては、静電気でバチッときたような、強い刺激があることもあります。実はこれが、あなたの周りに流れてきている、源《ソース》からの愛と豊かさのエネルギーなのです。目には見えませんが、瞑想することにより実際に感じることができるのです（もちろん、人により感じ方に違いがあると思いますので、誰もがはっきりと感じられるとは限りません）。

今まで、源《ソース》だとか、エネルギーだとか、いろいろ聞いたかと思いますが、やはり目に見えないので、納得できるような納得できないような部分もあると思いますが、実際に自分で感じると疑いようのないものになります。

また、「引き寄せ」というと、願いを叶える派手な方法だと捉える人も多いのですが、実際は、自分の内面と向き合う地味で孤独な作業です。ですので、意識的に落ち着いてひとりになる時間を持つこともとても大事なのです。

もし、ピンときましたら、ぜひ瞑想されることをおすすめします。どうしても瞑想に抵抗がある場合は、ヨガやチベット体操など、呼吸とともに体を動かす運動もよいでしょう。また、イヤーコーニングという長い筒状のコーンを耳に差し込んで火をつけ耳管から毒素を取り除く古代療法や、シロダーラという額にオイルを垂らすアーユルヴェーダ（インドの伝統療法）の浄化法なども、身は眠っているのに意識はあるという瞑想状態へ誘《いざな》ってくれます。

第四章　誰にでもできる引き寄せの練習法

Part2　望みの叶え方

望みに素直になる

ここまでは、主に不満な現実の改善の仕方や、全般的に良い現実の引き寄せ方をみてきましたが、ここからもう少し具体的に、あなたの望む現実の引き寄せ方、願いの叶え方をみていきたいと思います。

さて、あなたの望みや願いは何でしょうか？

ここで、「私の望みは○○です！」と素直に言える人は良いのですが、意外と少ないかもしれません。毎日の生活の忙しさで自分の望みを考える余裕がなかったり、望みはわかっていても、今の状況と程遠いため、できるわけないと自分で自分の望みを押し殺してしまったりしているのです。

また、自分より他人を優先し、自分の望みだけ考えていいのかなと思う人もいますね。しかし、望みは自分中心に考えてください。ここで、他人のためになるかどうかは考えなくてよいのです。なぜなら、その人の幸せはその人のみにかかっていますし、第五章で詳しくみていきますが、あなたが楽しみ幸せになることがもっとも他人のためになるのです。

私自身も以前は、自分の望みさえもはっきりとはわかっていませんでした。自分の望みは世界平和です、と真剣に思っていたところがあったのです。しかしこれでは、世界平和が達成されるまで自分は幸せになれない、ということになります。しかし幸せでない状態から幸せを引き寄せることはできません。つまり、いつまでたっても自分も幸せにもなれなければ、世界平和も達成されないということになってしまいます。今では、**自分が自分自身の望みを叶えること、そして、自分で幸せになるしか、世界を変える方法はない**ということに気づきました。

自分の願いにどんな遠慮も要りません。自分が幸せになること、それが外の世界をも良い方向へと変えていくのです。また、現状や自分の能力などを考慮する必要はありません。**魔法のランプが手に入って、どんな望みでも叶えてあげるよ、と言われたら何を願うか、枠を外して、思いっきり理想の自分や自分の望みを思い描いてみてください。**

ただ、ここで大事なのは、あくまで**「自分の望み」**を明確にするということです。何故こんなことをわざわざ言うかというと、多くの人は「誰かにこうしてほしい」「誰かにああなってほしい」「誰かにあれをしないでほしい」など、「他人についての願望」を持っているんです。

例えば、このようなものです。息子に家業を継いでもらいたい、夫にもう少し育児に参加してほしい、母親にあれこれ言われたくない、など。これらは、願望ではなくて、他人への要望です。これはそもそも、願望の抱き方が間違っているのです。また、「あの人がこうだったら、こうしたい」というような交換条件的な望みもこれに当てはまります。「あの人に私を好きになってもらいたい」というのも、他人に対する要望です。あなたの願望ではありません。この場合は、「あの人に好きになってもらえるような素敵な自分になりたい」と変換してください。夫にもっと育児に参加してほしかったら、まず、「自分が無理なく楽しく笑顔で育児したい」と望んでください。

他人にどうしてほしい、というのをあなたが叶えることはできません。結果的に望んでいたようになることはありますが、最初から期待したらだめなのです。あなたは、あなたの思考と波動によってあなたの現実しか創れません。

自分の望みを点検してみてください。そこに、他人に対する要望が混じっていたらそれはリストから外し、自分は本当は何を望んでいるのか、考え直してみてくださいね。

まずは、

「私は、〇〇が欲しい」

「私は、〇〇がしたい」

「私は、〇〇になりたい」

シンプルに、自分を主語にして、自分の望みに改めて向き合ってみましょう。そして、それを箇条書きに書き出してみるのも望みを確認する上で良い方法です。私も、一年の初めや新月のときなど、時の節目に願いを手帳に書き出したり、再確認したりしています。

「どうして」を考える

自分の望みや願いに素直になったら、次にどうしてその願いを叶えたいのかを考えてみましょう。

例えば、誰でも一度は「宝くじを当てたいなあ」と思ったことがあるかと思いますが、「何故、宝くじを当てたいのか？」ともし聞かれたら何と答えますか？

ここで、次のような答えが出てくる人が結構多いのではないかと思います。

「仕事が嫌で会社を辞めたいから」

「毎日満員電車に乗るのが嫌だから」

これらは、「何故、宝くじを当てたいのか？」という問いに対する答えになっていません。宝くじに当たろうが当たるまいが、会社や仕事を辞めることは可能です。満員電車に乗らないこともできます。この答えは、宝くじとは全く関係なくただ自分の不満を述べたにすぎません。このように考えていても、決して宝くじが当たることはありません。

さらに、これらはあなたの望まないことですね。ハイヤーセルフはあなたの考えていることをそのまま現実化しようと頑張ってくれますので、あなたが、望まないことばかりを考えていたら、そのままそれを現実化させようとしてしまいます。例えば、あなたが会社を辞めたいなあといつも思っていたら、会社を辞めたくなるような嫌なことばかりが起こってきます。そのような現実を引き寄せたくなければ、あなたの本当に望むことに思考と波動を合わせる必要があるのです。

この宝くじの例では、宝くじに当たってどういう生活をしたいのか、どういうものを買いたいのか、そしてそこからどういう風に感じたいのか、ということを考える必要があるのです。「何故、宝くじに当たりたいのか？」の質問の答えは、「○○な場所に○○な家を買って、○○なことをしたいから」とか、「○○の事業を起こして、自分の夢を叶えたいから」というような回答であるべきなのです。

あなたの願いの「どうして」の部分を考えたなら、**この「どうして」の部分、こ**

れがあなたの願いの本質です。実は誰もお金そのものが欲しいから宝くじに当たりたいのではないのですね。万札風呂に入りたいから宝くじを当てたい人はあまりいないでしょう。お金そのものが望みではないなら、何故、そのお金が欲しいのか、何をすれば、何を手に入れれば、自分は幸せを感じるのか、これを考えるのが非常に大事です。

そして、宇宙に願いを放ってその願いが叶うとき、この願いの本質の部分が叶うのです。「○○な場所に○○な家を買いたいから、宝くじを当てたい」という願いを例にとると、この願いの本質は○○な場所に○○な家を手に入れたい、ということであって、宝くじを当てることではありません。この願いを宇宙に放った場合、叶うのは○○な場所に○○な家を手に入れることなのです。

その手段として、宝くじが当たるかもしれませんが、もしかすると親戚がいきなり家を譲ってくれるかもしれませんし、無理なく手に入れられる価格の理想の家に出会えるかもしれません。手段は自分では指定できないのです。それは、宇宙とハイヤーセルフが最適で最善の手段を選んでくれます。想像もしないところから、「善きこと」が降ってくるのです。どのような手段がとられるかはわかりませんが、あなたが抵抗さえ抱かなければ（抵抗についてはのちに詳述）、理想の家を手に入れることは現実のものとなります。

また例えば、「人の心や身体を癒したいから医者になりたい」という望みを持った人がいたとして、この人の望みの本質は「人の心や身体を癒すこと」なのです。そしてこの「人の心や身体を癒すこと」の部分を叶えるために、ハイヤーセルフがもっともその人にとって適切な方法をとるのです。つまり、この人は医者になるかもしれませんし、もし人を癒すために医者よりもその人に向いた職業があれば、そちらが叶っていくことになります。ですので、子供の頃に憧れた職業に今就けていなかったとしても、嘆く必要はありません。素直に望めば、あなたが本当にやりたいこと、というのが実現できる職業が必ず与えられるのです。あなたさえ抵抗しなければ、願いは叶うのです。

他にも、ある職業に就くことを望む場合、その本質を探っていくことが大事になってきます。人からの評価や安定や収入を理由として職業的な夢を持っている場合、表面上「○○になりたい」と望んでも、同時に心のどこかで「本当はそうじゃない」という抵抗を抱くことになり、その状態ではその願いは叶わないことになります。

ただし、社会的評価など外側の基準で自分の望みを形づくった場合でも、それに自分でも気づいていない状態、それが自分の望みだと思い込んでいる状態、その願いがその時点の本心と言える場合は叶います。私が会社員になったとき、それは今考えると本当の望みではなかったとわかりますが、当時は、自分にはそれしかできないからそれが望みだという思い込みがありましたし、外国と関わり英語を使う仕事がしたい、東京に住みたい、ということが望みの本質としてあったため、それは叶ったのです。

あなたの望みや願いの「どうして」の部分。これがあなたの願いの本質です。そして**願いが叶うとき、この「どうして」の部分が叶います**。なぜなら、いつでも本心の部分で抱いている、本当の望みが現実化するからです。ですので、自分の願いの「どうして」の部分を考えるのが大事になってきます。

願いが叶う願い方

願いの本質は見えてきましたでしょうか？　本質がわかったならその願いを宇宙に放ってみましょう。

よく言われるのが、「○○を手に入れました」とか「○○になってありがとうございました」と過去形でアファメーション*するとよい、というのがありますが、これも、このやり方に違和感がない人にとってはとても効果的です。

ただやはり、自分がそれを信じ切れていないと（少なくとも、信じている割合のほうが多くないと）現実化しません。私もそうですが、まだ叶っていないことを、叶いましたと言うことに抵抗を感じる人は多いでしょう。


そこで、過去形で願うのは難しい、という人へ、おすすめの願い方があります。

まずは、何か物質的なものが欲しい場合。

「○○が欲しい」最初は、ここがスタートですね。通常、このように願っていると思います。○○の部分は、家でも車でも服でもジュエリーでも日用品でもなんでも、本当に欲しいものを当てはめてください。

そして、その「○○が欲しい」という思いから、意識して、

「○○が好きだ」

「○○がいいな」


という風に、思いと波動を変えてみてください。最後に♡がつく感じで、ときめいてください。欲しい、手に入れたい、その思いからは奪う波動、不足感の波動が出ていますが、いいな、好きだ、の思いからは、愛を与える波動が出ています。それを手に入れることによって幸せになろうとするのではなく、ただ、あな

たの中にあるそのものに対する愛を感じてみてください。

あなたが、与える波動を出すと、宇宙はあなたに与えてくれるのです。


次に、「○○したい」「○○になりたい」という願いがある場合。

これも、行きたい場所、やりたいことなど、あなたが本当に経験したいことを素直に当てはめてみてください。

そしてこれを、

「よし、○○しよう」

「よし、○○になろう」


に変換してみてください。いつ、という期限は決めなくてかまいません。「タイミングが来たら○○するぞ」という感じでだいじょうぶです。大事なのは、本当にそうしたいのかどうか？　自分のやりたいことに素直になっているかどうかです。「自分がこうしたいと本気で思うこと」は、必ず実現できるようになってるので、ただ素直に、意図すればそれでちゃんと宇宙には届いています。

また、

「私は○○を手に入れます」

「私は○○になることが決まっています」

という風に、決意形で願うことも有効です。

あなたが決めたように、宇宙は現実を用意してくれるからです。ただその際、どういう過程を経てその願望が現実になるのかを考える必要は一切ありません。それは、ハイヤーセルフや宇宙が最善の道を用意してくれます。根拠や過程は要らないのです。頭に、「何故だかわからないけど」と入れてもかまいません。

「何故だかわからないけど、私は○○を手に入れます」

「何故だかわからないけど、私は○○になることが決まっています」

こうすると、より抵抗なく願えるのではないでしょうか。

願い方については、何か決まりがあるわけではなく、あくまで自分がしっくりする方法でやるのが一番です。

しかし、普通に「(現状では手に入りそうにないものについて)〇〇が欲しい」「(現状なれそうにないものについて)〇〇になりたい」「(現状できそうにないものについて)〇〇したい」では、現状、叶っていない、叶いそうにない、というあなたの本心が現実化し続けます。

また注意してほしいのは、強く願えばいいというものではありません。強く念じてしまうと不足感が出てしまうことが多いので、軽やかに願いましょう。

求める波動、奪う波動になっていないか気をつけてみてください。愛を放つ波動、前向きな決意の波動、それらが出ていれば、ちゃんと現実は反応していきます。

＊私はどうしたいか、について肯定的な言葉を断定的に用いる、自己実現の方法

イメージング

ここまでで、あなたは自分の望みに遠慮せず素直になり、その理由「どうして」の部分を深く考え、願いが叶う願い方で願いを宇宙に届けました。

次にそれが叶ったときの気分を想像してみましょう。家が欲しいのならその家に住んでいる自分はどんな気分なのか、ある職業に就きたいのならその仕事をしている自分はどんな気分なのかを想像してみてください。そのときに、叶った状態を映像としてイメージしたほうがそれを感じやすければ、そうしてみましょう。

願いはイメージしたら叶う、とよく言われますが、実はイメージングさえしたら叶うわけではありませんし、願いをはっきりと明確に映像としてイメージすれば、必ずその通りになるということではありません。その通りになることもないわけではありませんが、願いが叶うときというのは、あなたの想像以上のことが起こってくることがよくあります。どのように願いが叶うかは、ハイヤーセルフや宇宙にお任せであり、自分の頭で考えたりコントロールできることではないのです。ですので、具体的にはっきりと未来を決め込む必要は実はありません。**想像は創造のはじまり、ではありますが、大事なのは映像をイメージすることではなく、叶った時の感情や気分をイメージし感じることなのです。あなたの波動が現実を引き寄せるのですから。**

ですので、映像でのイメージングが苦手な人は、願いを言葉だけで思い浮かべ、叶った時の気分を想像してみるだけでも全く構いません。上手に映像をイメージングするかどうかが願いが叶うかどうかの分かれ目ではなく、願いが叶った時の感情を感じ切って、願いが叶った時と同じ波動を出すようにするのが大事なポイントなのです。

ここまできたら、あとは宇宙を信頼してリラックスして日々を過ごし、起こってくることを楽しんで受け入れていけば、どんどんと望みに近づいていきます、ポイントは、何が起こってきても「これは違う」とか、「こんなはずじゃない」とか、自分で幸せになるのを邪魔しないことです。そう思うのはエゴのしわざですから。

どうしても素直に受け入れられないときは、「もしかするとこれがいいことにつながってるのかもしれないな」と深く考えずに流しましょう。

抵抗を取り除く

第二章で、宇宙は願いごと受付センターであるということを見てきましたが、**望みに素直になり、どうしてを考えて、宇宙に正しく願いを放ち、イメージングして気分を味わう**、というこの段階まで来れば、宇宙は間違いなくあなたの願いを受け取ってくれています。そして毎日をできるだけ〝ザルの目を開けて〟過ごすようにするだけで、あなたの願いにつながる人に出会ったり、出来事が起こってきたりします。あとはもう流れに任せていればあなたが望んだことは最終的に達成されます。ただし、あなたがそれに抵抗さえしなければ。

第二章でも抵抗について触れましたが、抵抗とは、あなた自身が持っている「**できっこない**」「**なれっこない**」「**叶うはずない**」という思考です。よく、ブロックしている、などともいいますが、このブロックもこうした抵抗のことです。原因は様々ですが、主に過去の経験や世の中の常識からきていることが多いです。

例えば、家が欲しい、と願いを抱いても、同時にそんなお金はないから無理だわ、という思考を本心から抱けば、その願いは叶うことがありません。家が欲しいと思って、たとえ今お金がなくても、「今はお金ないけどなんとかなるさ」と思うことができれば、本当になんとかなります。

また例えば、和やかな人間関係が良い、と願いを抱いても、同時に「お義母さんは意地悪な人だ」という思考を強く抱いていれば、この願いも叶うことがありません。和やかな人間関係がよいと望むのであれば、あなたに関わるすべての人の一番和やかな部分を見なくてはいけないのです。そうすれば、必ずあなたの望みは叶います。
願望を抱きながら、自分でそれと反する思考を持つ、これは、アクセルとブレーキを同時に踏んでいるようなものです。現状からどこにも行けない状態です。
自分の思考に抵抗がないか、点検してみましょう。そして、自分の中に抵抗があるなと感じたら、できるだけ「抵抗」を減らすことを試みてみましょう。

抵抗を減らすには、主に以下の二つの方法があります。
ひとつめは、「自分の思い込みを手放し、新しい考えを受け入れること」です。

例1
お金は諸悪の根源だという思い込みを手放し、お金は楽しみをもたらしてくれる素敵なものだという新しい考えを受け入れる。

例2
あの人は○○な人だ、という思い込みを手放し、違う側面を見つけて受け入れる。

例3 **自分の望みを叶えるなんて無理なんだ、という思い込みを手放し、宇宙は何でも叶えてくれるという新しい考えを受け入れる。**

例4 **自分はだめだ、自分にはできない、という思い込みを手放し、思考と波動次第でどんなこともできる、という新しい考えを受け入れる。**

今あなたが抱いている様々な物事や人に対する考えは、それが事実であろうがなかろうが、すべてあなたの思い込みであり固定観念です。その思い込みから現実が創られているのです。それがあなたに益をもたらすのであれば、その思い込みを保持していればよいのですが、あなたの望みに反するもの、あなたにとってなんの益もない思い込みであれば、それを手放していく必要があります。自分の中のどの思考が、自分の望みの実現の邪魔をしているのか点検し、そして、少しずつでかまいませんので、その思い込みを新しい思い込みへ変化させていきましょう。それは、自分でできることなのです。

そしてふたつめは、「とにかくいい気分でいられる思考の選択を続ける」ことです。

いい気分でいると、現実にいいことが起きる割合が高くなっていくので、自分の創造の力を徐々に実感していくことができ、今まで無理だと思っていたことも、できるかもしれない、と思えるようになってきて、徐々に抵抗が減っていくのです。**あなたの願望の実現を阻んでいるのはあなただけであり、また、あなたの願望を実現できるのも、あなただけ**なのです。

執着を手放す　望みを忘れる

ここまで願いの叶え方をみてきましたが、願いや望みを抱くのは本当に素晴らしいことです。どんどん素直に望みましょう。どんどん宇宙にリクエストしていいのです。それが、人生を創っていくのですから。

しかし、願いや望みが強くなりすぎて、

「その望みが叶わなければ自分は幸せになれない」

「その望みが叶わなければ自分はだめだ」

「それがなければ不安だ、恐怖だ」

のようになってしまうと、それはもう願いでも望みでもなく、執着に変化してしまっています。願いは願いであるうちは叶いますが、執着になってしまうと、それはもう願いではないので叶いません。これらからは、不足や否定や恐れの波動が出ているため、その通りの現実を引き寄せてしまい、願いが叶わないのです。

願いと同時に執着を持ってしまうのは、人間だったらある程度は普通のことです。あまり、執着を手放さないと、と考えすぎると、今度は執着を手放さないといけない、という執着になってしまいますので、ある程度はしょうがないかな、と気楽に考えるのも大事です。

自分が間違いなくその願いが叶うと確信した上でしたら、いつも願っていたり、強く願ってもかまいません。しかし、それが執着になってしまうくらいなら、むしろ自分の願いを一旦忘れるほうがいいでしょう。

とは言っても自分が本当に欲しいのにそれを忘れるなんて、難しいですよね？ではどうすればよいでしょうか。それにはやっぱり、**今の自分や、目の前の現実に幸せを見つけ、満足すること**なんです。そうすれば抵抗や執着は起きにくくなります。今の自分が幸せであれば、「これがなければ自分はだめだ」とはなりませんからね。

これは本当に逆説的ですが、毎日に幸せを感じているため、その望みが自分にとってさほど重要でなくなったとき、または、自分がそれを得て当たり前だと思えるようになったとき、そのときに願いは叶うのです。**今の生活に幸せを見出せば見出すほど、願いが叶いやすくなるのです。**

そこで、Ｐａｒｔ１で見てきた全般的な良い現実の引き寄せ、つまりいい気分になる思考の選択をする、ということが大事になってきます。これが、あなたの願いを叶えるのにも通じてくるのです。

特定の願いを叶えたい場合、ここまでの作業をすべて終えたら、あとは、自分の好きな趣味などで楽しんだり、仕事にやりがいをもって没頭したり、自然の美しい景色等を見て癒されたり、お笑いで笑ってみたりして、願いとは別のところで自分をいい気分に保つようにしてみましょう。

また、願いとは関係がなさそうでも、目の前のことに前向きに取り組んでいると、いつの間にか願いに近づいていたりします。そしてやはり基本ですが、今の自分の生活の中に、いいところや感謝できるところを積極的に探しましょう。

そのようにして、ザルの目をできるだけあけるようにして日々を送っていると、願いが向こうから服を着て歩いてくるような状態になったり、ピンと来たことに対しその通りにしてみたら、願いが叶うことにつながっていたりします。直感が鋭くなり、何をするべきか、そして何をしなくてもいいのか、わかるようになってくるのです。

宇宙は必ず願いを叶えてくれるのです。ただそのことを信頼しましょう。信頼できるようになればなるほど執着は減っていきますので、自分の生活を、とにかく「うまくいっている」という視点で見るようにしてみてください。

百読は一実践に如かず

ここまで、Ｐａｒｔ１、Ｐａｒｔ２にわたって、引き寄せの練習方法をみてきました。あとは実践あるのみです。

とにかく、いつでも「少しでもいい気分になる思考の選択」をし、「自分の望みに素直になり」、あとは「いいことノート」をつけたり、さらにできれば「瞑想」を続けていれば、必ず自分にわかる形で現実が変化し始めます。変化を感じられるようになるまでの時間は人それぞれですが、少なくとも一ヶ月は意識して続けてみてください。

本を読んで知識を得るのももちろん良いと思います。しかし例えば、この本や他の引き寄せの本を隅から隅まで読んだとしても、今まで通り自分にとって嫌なことが起これば嫌な気持ちになって、いいことが起こればいい気分になる、という他人や出来事に振り回されている状態を続けていれば何も変わりません。**やはり実践するしか、現実を変える方法はありません。**

また、続けているといずれ源《ソース》やハイヤーセルフにつながる、つながっているというのが自分でわかるという体験をする人もいるでしょう。つながっている状態に持っていくことができれば、例えば以前本を読んでもわからなかったことでも、自分の中で納得できる答えが得られてわかるようになったり、書かれていることをすべて信じるのではなくて、どの部分が自分にとって必要なのか、自然とわかるようになったりします。

「自分がいい気分になる思考の選択」これは、本当にその気になれば誰でもできます。**特別な技術や才能は要らない**のです。強いて言えば楽天家の才能がある人は早い、ということは言えますが、誰でも時間をかければできるのです。

また、ここに書いてあることをすべて実践しなくてはいけない、ということではありません。自分が納得し、やってみたい、と思ったものだけでもかまいません。それを自分に無理のないペースでよいのでやってみてください。そして、現実が変わるという体験をぜひしてみてください。

早い人で二週間、平均的には一ヶ月もすると、何らかの変化が感じられるでしょう。そして、半年や一年もすると、現実の変化がどんどんと加速していき、これまでは想像もつかなかったような未来が待っています。

第五章　引き寄せを実践する上で大事な考え方

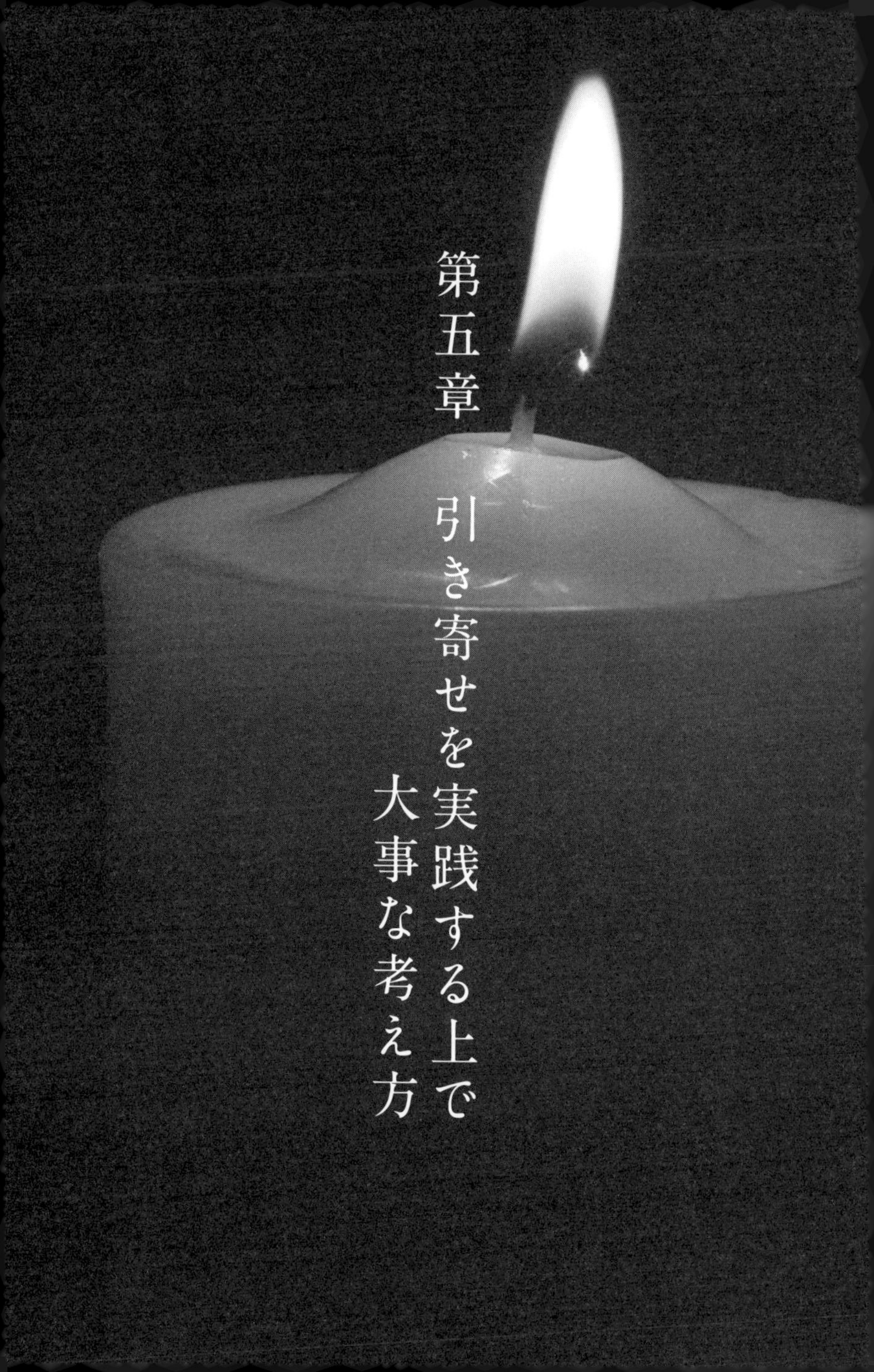

魔法の言葉「すべてはうまくいっている」

ある出来事が起こったとき、一瞬どんなに嫌だと感じることであろうと、それをもう少し大きな視点から見ることができれば、嫌な部分以外の側面も見えてきます。

どんな物事でも、出来事でも、人でも、いい面と悪い面の両方の側面をもっています。

よく、何か嫌なことが起こっても、あとから振り返るとあれでよかったんだ、と思えることってありませんか？　そしてさらに大きな視点から見れば、それは完璧なバランスを保つ地球の中で起こる、バランスがとれた出来事なのだとわかってくるかもしれません。

宇宙に浮かぶ星たちは完璧な運行を保っています。そして、その宇宙の中の地球も、地球上で起こることも本当は完璧です。完璧に思えないのだとしたら、それは自分が完璧だと思っていない、というだけのことなのです。

すぐには、どんなときでも「すべてはうまくいっている」とは思えないかもしれません。「すべてはうまくいっている」と思えなければ、「もしかすると、うまくいっているのかもしれない」でも最初はかまいません。

ただ、今より少し大きな視点を持つことを心がけてみてください。

何か嫌なことが起こったとき、それを嫌な視点だけから見て嫌な気分につながっても、あなたにとっていいことは何ひとつありません。**「うまくいっているということを自分で選択する」それだけで、あなたはあなたを取り巻く幸せの流れにつながることができる**のです。

不愉快な出来事が起こったら、少し大きな視点から見てみること、それは自分の望みを明らかにしてくれる出来事であること、そして自分がそこで少しでもいい気分になれる選択ができさえすれば、未来は良い方向へ進んでいくこと、すべては自分の思考と波動の選択次第なのだ、ということを思い出してみてください。

幸せとは

「すべてはうまくいっている」

何が起こっても、この言葉が自然に頭に思い浮かんでくるようになれば、あなたはもう幸せの流れに乗っています。そしてほどなく、本当に現実が良くなっていくのをはっきりと感じられるでしょう。起こることはすべて必然であり最善だ、ということがだんだんと日常生活にまで降りてくると、心に余裕ができ、結果としてリラックスしている状態になります。そして、リラックスすればするほどさらに良い流れになってきます。

「幸せ」というと、どうしても、十分なお金があって、素晴らしいパートナーがいて、欲しいものを買って、美味しいものを食べて……、と考えてしまいがちですが、こういったものは、どれも条件付きの幸せです。例えば、素晴らしいパートナーを得て幸せになったと思ったとしても、そのパートナーが少しでも自分の望むことから外れた言動を始めれば、幸せでなくなってしまうのです。

そして、ともすると、その幸せの条件を満たすために、外に何かを求めたり、周りの環境を良くしようと苦心してしまいます。それがいけないというわけではないのですが、外側を変えようとしても変わらないので、結局苦労するだけでいいことがありません。

幸せというのは、ある条件を満たすことではなく、実は、自分一人で選択できることなのです。あなたの周りには、常に愛と豊かさのエネルギーが流れていますす。本当は幸せの流れしかなく、あなた次第でその幸せを選択することができるのです。空が青いこと、ご飯が美味しいこと、飲める水があること、誰かと楽しい会話を交わすこと、行こうと思ったら行きたいところに行けること。これらは幸せ以外のなにものでもありません。

そして、自分の人生を自由に創造できること、これこそが最大の幸せではないでしょうか。もちろん、それをやっていく過程で人の協力を得たり、パートナーを得たりすることはありますが、パートナーそのものは目的でも幸せでもありません。

そう考えると、誰しも自分の人生を自分の思考と波動で創ることができますので、どんな人でも常時幸せの状態以外はあり得ないということになります。生まれた環境に不満を抱いている人もいるかもしれませんが、その環境も自分で選んで生まれてきています。自分の人生を創造している、幸せな状態なんですね。

まず、自分が幸せだったんだということを思い出し、認め、受け入れる。そうすればあなたの現実もそこからさらに幸せになってきます。自分が出している波動が、自分の現実を引き寄せるのですから。**幸せを引き寄せたければ、まず、自分が幸せなんだということに気づき、思い出してください。**

幸せだったら、幸せになる必要はないんじゃないの？　と思う方もいるかもしれませんが、幸せの状態にあれば、そこからもっと大きな幸せへアクセスできるということです。幸せ＝自分の人生を創造する喜びに限度はありません。そのスタートが、「まず基本の幸せに気づくこと、自分は幸せであるということを思い出して認めて受け入れること」なのです。

とにかく、宇宙には幸せの流れしかありません。それが感じられないという人は、自分の頭の中で「不幸」という幻想を創り上げているだけです。その幻想を取り除きさえすれば、あとは起こることを受け入れ、流れに乗るだけです。

成長とは、成功とは

成長とか成功という言葉は、本当によく使いますが、何が成長なのか、何が成功なのか、ということにはっきりと答えを持っている人は少ないのではないでしょうか。

子供が成長といったら身長が伸びることかもしれませんし、学校で成長といったら成績が良くなることかもしれませんし、会社で成長といったら売上を上げることかもしれません。

宇宙は常に拡大・成長しているので、その中にいる人間も常に成長を求める性質を持っています。人間、止まりたくても止まれないのですね。しかし、何が成長なのか、何が成功なのかがはっきりわかっていないと迷ってしまいます。

成長とは何なのか。

成長を、自分が自分の喜びをより多く感じていくことだと考えてみましょう。そして、成功とは、自分が喜びを感じる何かを達成することです。喜びこそがゴールなのです。自分の喜びに焦点を置いてみてください。そうすると、自分の本当の望みもはっきりしてきます。

何かをやりたいな、とか、何かを欲しいなと思ったとき、それが自分に喜びを与えるかを考えてみてください。誰かから評価を得るためであったり、誰かを喜ばせるためでなく、自分の心が喜ぶのか、自分に聞いてみてください。

また、自分の求めているものというのは、例えば物であれば、物そのものではなく、その物から得られる喜びなんだ、ということがわかると思います。どんなに高価な物であっても、自分の心に響かなければ満たされないのですから。

人間の成長・成功とは、どれだけ自分の喜びが得られたか、ということです。どんなことでも、物でも、自分の心が喜ぶものを求めていきましょう。

物事に善悪はない

第一章でゴルフが好きな人の例を挙げましたが、例えばあなたがゴルフが三度の飯より好きだとしたら、あなたにとってゴルフは喜びと楽しみをもたらしてくれる善きものですね。しかし、もしかするとあなたの奥さんはゴルフのことを、家計に負担をかける憎々しく悪しきものだと思っているかもしれません。同じ「ゴルフ」というものを、人によっていかようにも見ることができるのです。つまり、「ゴルフ」そのものには善悪がありません。「ゴルフ」という中立の状態にあるものに、夫は善という評価を与え、妻は悪という評価を与えているのです。これは、ゴルフだけではなくどんなものでもそうです。

ここで、ゴルフに善悪がないということはわかったけれど、じゃあ暴力とか殺人はどうなの？　という疑問が湧いてくるかと思います。暴力や殺人についても、現代は、「多くの人が、暴力や殺人は悪だという選択をしている時代」ということになります。もし戦時中だったらと考えると、暴力や殺人が悪だ、と言い切れる人は今よりは随分少なかったでしょう。まだまだ戦争も暴力も残ってはおりますが、私たちはいい時代に生まれてきましたね。

さて、物事に善悪はないというと、まるで悪いことでも中立に見なさい、と言われているように感じるかもしれないのですが、そうではないのです。**ある物事が、善か悪か、それはあなたが自分で決めなさい、**ということなのです。

例えば、あなたが嘘をつくのを悪いことだと思っていて、友人があなたに嘘をついた場合、あなたはその友人の嘘をつく行為を悪だと思うわけですが、それでいいのです。そこで、いや、善悪はないから友人を許さなくては、なんて思う必要はないんですね。

ただそこで、友人を憎んで終わりでは、あなたにとっていいことはひとつもありません。「この嘘をつくという行為は私には受け入れがたいから、私は誰もが正直に生きていける世界がいいな」と思い浮かべてみてください。そのように確認することが自分の望みに思考を向けることになり、そのような世界を引き寄せることにつながっていきます。そして、そのような世界を引き寄せていけば、最初に嘘をついた友人に対しても、「自分の望みをはっきりさせてくれた」という点で感謝できるようになるかもしれません。

物事の善悪が引き寄せに何の関係があるのかと思うかもしれませんが、これは、あなたが望みに素直になり、あなたにとって良い現実を引き寄せる上で大変重要ですので、あなたにとっての善と悪を、日頃からいろいろな場面で考えてみてくださいね。

カルマも断ち切れる

「カルマ」という言葉を聞いたことがあるかと思います。日本語で言えば、「因果応報」「自業自得」ですね。カルマは今生だけに有効なのではなく、前世からのカルマも受け継いで今生で返していかなくてはいけない、ということも聞いたことがあるかもしれません。カルマというのは、「悪いことをしたら、それと同じだけ悪いことがあなたに返ってきますよ」ということですが、この「カルマの概念」と「物事には善悪はない」は明らかに矛盾しますね。

そもそも悪いことというものがないのに、何をやったら悪いことになるのか、わかりません。その悪いことの基準って誰が決めているの？　ということになってしまいます。

私も、以前は長い間「自分がやった悪いことはすべて自分に返ってくる」という観念の中で生きていましたので、引き寄せの法則とカルマの法則の間の矛盾について答えが出ませんでしたが、実は過去に何かをやった「悪い行動」に対して、返ってくるものはありません。そもそも悪い行動というのはないからです。

ただし、ひとつだけ返ってくるものがあります。それは、あなたが今出している波動によって返ってくるのです。**過去にやった行動ではなくて、今、出している波動に対して返ってくる**のです。

例えばあなたが嘘をつくのを悪いと思っていて、嘘をついてしまったとします。当然、いい気分はしませんね。ネガティブな思考が頭の中を占めると思います。その思考に対しては、ネガティブなことが返ってきます。嘘をつくことをなんとも思っていない人が嘘をついても、ネガティブな波動が出ないため悪いことというのは返ってきません（楽しんで嘘をつくことをすすめているわけではないので、念のため……）。

ですので、いわゆる悪人のように見える人が繁栄することがあるのです。外から見ると悪どく金儲けをしているように見えるけど、本人たちは楽しんでいるような例ですね。その場合、本人たちが疑いなく楽しんでいる間はうまくいきますが、一旦、これは悪いことなんじゃないか、という思考を持つようになると転落します。また楽しんでそうしているわけではなく、自分の渇望感から奪う波動を出していると、一時的に繁栄したように見えても必ず衰退します。それを見て、バチが当たった、自業自得だ、カルマの清算だ、と言う人もいるわけです。

また、地球上の歴史を見ても、何故こんなにたくさんの悲劇が起こってしまったのか理解しがたいことがありますね。私も、カルマはいったいどこで清算されているのだろう？　という疑問を持っていました。そういった矛盾を埋めようと、前世からのカルマや来世へのカルマという概念が生まれたのではないかと思います。

そして、カルマってなんだか窮屈だな、とも感じていました。人間は多少の間違いは必ず起こすものです。こんなことをしてしまったから、何か悪いことが返ってくるのかな、とか、これはカルマ的に良いことなのか、悪いことなのか、悩んでしまったり、逆に良いことをしたいと思っていても、それはもしかして見返りのためなのか、と考え込んでしまったり……。

ある考えに窮屈な思いや、抵抗を感じるとき、無理に自分を納得させないようにしてください。窮屈な思いや抵抗があるということは、それはあなたにとっては真実ではないということです。すぐに解決する必要はありませんが、求めていればいつか答えがもたらされます。窮屈な思いや違和感を感じたときは、どこかで答えがあなたを待っていると思ってください。

今不幸のどん底だと感じている方も、病気で苦しんでいる方も、前世からのカルマだから仕方ないということは絶対にありません。前世からのカルマはありません。無理してこの考えを受け入れる必要は全くないのですが、カルマだから不幸でも仕方がない、という思考を持っていると、それが不幸な現状や病気を引き寄せてしまうのです。

あなたの思考を変え、出している波動を変えれば、不幸の状態や病気の状態を変えていくこともちろん可能です。**あなたは、現実を変える力、現実を創る力を生まれつき持って、この地球に生まれてきている**のですから。

結局のところ、「誰かが決めた善悪の基準があって、その基準に照らして、悪いことをしたら、その分だけ悪いことが自分に返ってくる」という意味でのカルマはありません。神が善悪を判断して、あなたはこれだけ悪いことしたから、これだけのカルマね、なんて自分が知らないうちに決められるということはないのです。ただし、自分で決めた生まれてくる環境や、自分で決めた課題をカルマと呼ぶなら、それはあります。また、自分の良心に反することをしたら、それはそのままあなたに返ってくるという意味でのカルマ、自業自得はあります。

しかし、今ここで「自分で人生が創れるんだ」と知り、自分が自分で自分の人生を創ると決めた瞬間、断ち切っていつでも新しい人生を創っていけるようになります。

この世は魂の学校なのか？

この世は魂の学校である。この言葉も、誰もが聞いたことがあると思います。しかし、結論から言うと、この「この世は魂の学校なのか？」という問いの答えは、あなたが学校だと思えばこの世は学校になり得ますが、あなたがそう定義しなければそうではない、ということになります。学校のように、決められたそこで学ぶべき内容、なんてものはないのです。また、これをしなければ落第してしまうとか、卒業できないなんてこともありません。また、返さなくてはいけないカルマもありません。ですので安心してこの世を自由に生きてください。

そもそも、あなたはなぜ地球に生まれてきたのでしょうか。それは、自分で望んだからです。閻魔《えんま》様がいて、お前はもっと学ぶために地球に行けと言われて、無理やり地球に送られたわけではありません。

では何のために、地球で生きているのでしょうか？　それは、大きくは二つあって、ひとつは**自分の望みを叶えるため**、そしてもうひとつは**自分の喜びを追求して成長するため**です。

ですので、この地球に来た使命とか、やらなくてはいけないことというのは何もないのですね。あえていうと、自分の真の望みは何なのか、喜びとは何なのかを探して、その喜びを追求すること、そして自分をもっと愛していくことが、使命であり、やらなくてはいけないことですが、それは、やらなくてはいけないこと、というよりは、自分がやりたくて仕方ないことでしょう。

宇宙は常に拡大しています。あなたが自分の望みを放って、それを現実化すると宇宙も拡大していくのです。あなたの経験が宇宙の経験となるのです。もしずっとあの世にいたら、そこには素晴らしいことしかないので、何かを望むということがなくなってきます。そうすると宇宙の拡大が止まってしまうので、あえて物質界という世界があって、そこではあまり素晴らしいとはいえないような、自分の望まないことも経験できるようになっているのです。それを経験したり見たり聞いたりすることによって、「自分はこれは嫌だな」ということを認識して、そして、「自分はこれがいい」という望みがはっきりとわかるのです。「自分はこれがいい」ということがわかれば、その実現に向かって、その喜びを追求していけばいいだけです。

この世は魂の学校ではなく、喜びと楽しみを求めて訪れたディズニーランドです。人生で困難にぶつかったとき、それは、ホーンテッドマンションに入っているようなもの。ホーンテッドマンションには、自分で選んで入りますし、ホーンテッドマンションの中でも楽しむことはできます。そして、必ず出口はあるのです。

この世は、喜びを追求するために創られたゲームの舞台です。しなくてはならないことはないので、**自分の好きなことをして楽しんでください。人生は、自分をいかに愛し、幸せにできるかというゲームなのです。**

波動を高めるとは

第二章で、あなたが出している目には見えない波動があなたの現実を引き寄せることをみてきましたが、自分の望む現実を引き寄せたいなら、良い波動を出すのが一番です。良い波動を出すことを、「波動を高める」と表現する場合もあります。

具体的に波動を高める、とはどういうことでしょうか?

波動を高める、と聞くと、何か道徳的にいいことをして、徳を積まなくてはいけないように感じるかもしれません。でも、そうではないんですね。何か、いいこと、悪いこと、の決まった基準があるわけではないので、こうしたら波動が高くなる、こうしたら波動が低くなる、という共通のルールはありません。共通のルールがない代わりに、あなた独自のルールがあるのです。

波動が高い状態、というのは、あなたが、嬉しかったり、楽しかったり、ワクワクしたり、感動したり、感謝したりといった「いい気分」の状態にあるときです。また、静かに心穏やかに過ごしている状態、というのも波動が高い状態です。エイブラハムの感情の二十二段階（90ページ）で言う❶〜❼がそれに当たります。

ですので、それぞれ、どんなことをすると波動が高くなるのか、というのは人によって違います（多くの人にとってある程度似た傾向というのはありますし、やはり、「いいこと」をすると「いい気分」になりますが）。あなたにとっての波動を高める方法を探しましょう。

あなたは今このときから、すぐにでも波動を高めていくことができます。そして、波動を高めれば高めるほど、自分の本当に望む現実を創れるようになってきます。

神の領域と人間の創造の領域

あなたの周りの現実は、すべてあなたが引き寄せている、ということをもう少し深くみていきたいと思います。ここで左記に質問を並べてみたのですが、どんな感じがしますでしょうか？

何故、地球は自転・公転するのか？
何故、月は地球の周りを回っているのか？
何故、火山は噴火するのか？
何故、地震は起こるのか？
何故、植物は光合成をするのか？
何故、人間や動物は呼吸をするのか？
何故、女性のみが妊娠するのか？

どうでしょうか？　これらの質問の答えというのは、どれも同じだと感じませんか？
仕組みの話ではありません。例えば、最後の質問では、女性は子宮があって、精子と卵子が出会って……、という話ではなくて、「どうして、女性のみが妊娠する機能をそもそも持っているか」ということです。

これらの質問の答えというのは、すべて、「そういうものだから」「それが宇宙であり、自然であり、人間であるから」なんですね。

これらは、人間が考えてもどうしようもないことです。そして人間が考えてもどうしようもないことというのは、神の領域なのです。これら、神の領域については、人間の思考で引き寄せているのではありません。自分でどんな現実をも創れるとはいっても、あなたは、リンゴの木からみかんを収穫することはできないのです。

舞台は神が用意しており、そこに人間の入る余地はありません。ただ、その舞台で繰り広げられる現実を、あなた自身が創っている、そう考えるとわかりやすいかもしれません。

あなたは、社長であるけれど映画監督ではない

神が用意した舞台の中で、あなたはあなたの現実を百パーセント自分で創ることができます。第二章でみてきたように、自分の潜在意識まで思考を浸透させることによって、思考を現実にすることができるのです。しかし、ここは間違ってほしくないのですが、何から何まで詳細に思ったことが、映画のようにそのまま現実に再現されるというわけではありません。

あなたは、例えるなら大企業の社長です。大企業の社長であれば、ビシッと方針と目標を決めたら、そこへ到達するまでの細かなやり方は部下に任せて自分で決めたりしませんね。この細かいことをやってくれる部下というのがあなたのハイヤーセルフなのです。ハイヤーセルフは、家政婦のミタであり、優秀で完璧な部下です。あなたの決めたことなら、何でも最善の方法で実現してくれます。

思考は現実化します。

しかしそれは、映画監督のように、セリフやシナリオをすべて自分で決めることができる、ということではないんですね。現実化までの方法は宇宙とハイヤーセルフに任せましょう。任せていれば、最善の方法で、あなたの思いや望みを現実化してくれます。どんな方法がとられるかはわかりませんが、「あなたが望んだこと」は、あなたがそれに抵抗さえしなければ、最終的に達成されるのです。

果報は寝て待てとはよく言ったもので、望みを宇宙に放ったら、あとは信じて任せましょう。あなたの仕事は、望みに素直になること、そしてそのあとは、できるだけいい気分を保って源《ソース》とのつながりを強化することだけです。

決めるのか、任せるのか

引き寄せの法則を学び始めると、「自分ですべて決めなさい」だとか、「ありのままを受け入れなさい」だとか、一見相反するようなやり方が出てくるので、混乱することもあるかと思います。これは、矛盾するようですが実は矛盾してはいなくて、

「自分がどうしたい、どうなりたいのかは自分で決めて、できるだけぶれないように保つ」

「その上で、起こることはただ、あるがままに任せる」

ということなんですね。

自分の真の望みは、自分にしかわかりませんので、自分で決めるしかありません。その意思さえ表明すれば、あとは勝手に動き始めます。見えない存在たちが、あなたの意思をサポートしてくれますので、とにかくそれを信頼しましょう。逆

に、あなたが表明しない限り見えない存在たちは動きだせないので、あなたが自分で自分の望みに素直になっていることが大事です。

一見、自分にとって良くないことが起こったようでも、必ず、それはその先のあなたの大本《おおもと》の望み、それは、楽しく、豊かに、幸せに生きるということにつながっています。

ですので、常に信頼を選択するのが最短距離になります。**どこまで信頼できるかにかかっている**、と言ってもいいでしょう。嫌なことが起こったとして、「やっぱり自分は幸せに生きるなんて無理なんだ」と自分が思い始めてしまえば、今度はそちらの方向へ動き始めてしまいますから。

私たちは、具体的な望みを描いて、それがその通りに実現したときにだけ「望みが叶った」と思ってしまいますが（もちろん、そのようになることも多々あるのですが）、そうでない場合も、常にあなたの決めた方向に向かって、あなたの現実は動いています。本当はいつでも願いは叶っているのです。

方向性は決めて、あとはあるがままに感謝して受け入れる。**起こることは、必ずその時点での最善**です。いきなりすべてを信頼することはできないかもしれませんが、少しずつでも信頼度を上げていってみてください。どこかの時点で、本当に「すべてはうまくいっているんだな」と思えるようになるでしょう。

条件づけや期待

あなたが、自分の望みを解き放ったとき、宇宙は必ずそれを聞いてくれます。

「素敵なパートナーと愛し愛されて楽しく暮らしたい」
「明るい職場でいきいきと働きたい」

「豊かになりたい」

どんどん望んでください。遠慮する必要は全くありません。そうすると、宇宙はあなたのお願いを聞いて、最適なものを準備して与えてくれます。そして、あなたが抵抗さえしなければ、それを受け取ることができます。

ここであなたはもしかすると、

「○○さんと結婚したい」
「○○株式会社で働きたい」

というような特定の固有名詞を含んだ願望を持つかもしれません。

○○さんや○○株式会社に純粋な愛をあなたが放っていれば、その人だったりその会社だったりを何らかの形で引き寄せることができます。ポイントは、その人に幸せにしてもらおうとか、その会社で働くことによって自分が偉くなった気になる等、相手から何かを奪う波動ではなく、あなたが単純に、「いいな」「素敵だな」という気持ちを持っているかです。

しかし、純粋な愛からではなく、表面的に望んでいるケースも多いでしょう。その場合、○○さんは楽しい人だという可能性もありますが、もしかすると怒りっぽい人で、一緒に暮らしても楽しくないかもしれません。またもしかすると、○○株式会社は、明るくいきいきと働ける職場ではないかもしれません。

あなたの「素敵なパートナー」と「○○さん」の間、そして「いきいきと働ける明るい職場」と「○○株式会社」の間には関係があるかもしれないし、何の関係もないかもしれない、ということです。これらはあなたが決めた条件なのです。もちろんそれが一致することもあり、それが一致して叶った場合にだけ、「望みが叶った」という捉え方をし、一致しなかった場合には、「望みが叶わなかった」と失望します。

しかし残念ながら、人間が自分の脳でわかることには限界があります。ですので、「素敵なパートナーと楽しく暮らしたい」という願望を満たしてくれる相手が、

「○○さん」かどうか、あなたが判断できることもあれば、できないこともあるのです。しかし宇宙は完璧ですので、必ずあなたのその望みにぴったりな人や職場を用意してくれます。常に望みは叶えられるのです。ですので、例えば「素敵なパートナーと楽しく暮らしたい」という望みを放ったあと、あなたの前に現れて、とんとん拍子に話が進んだ人、その人こそが、あなたの求める素敵なパートナーです。それがもし、○○さん以外の人であっても、ちゃんとあなたの望みは叶っているんですね。

もし、現在のパートナーと問題が絶えない……という悩みがある場合は、それはあなたが真に望む素敵なパートナーでないため、宇宙が一生懸命邪魔をしてメッセージを送っている可能性が高いのです。もちろん、邪魔されても問題があっても、私はこの人がいいわ！　と思って選ぶのも自由なのですが。しかし、この時点で「素敵なパートナーと愛し愛されて楽しく暮らしたい」という最初の願望とは矛盾してきてしまいます。結果、自分はこんなこと望んでなかった、というようなことになっても、それは自分で選んだ結果で、しごく当然のことなのです。

このように、あなたの条件づけや期待があなたの幸せを邪魔している場合があるのです。しかし宇宙は完璧です。あなたが、**自分の望みさえ素直に宇宙に放っていれば、与えられたものを受け入れることが、あなたの望みを叶える最短距離**なのです。

感謝することと望むこと

与えられているものが最善であり、望み通りなのだ、ということが、本当に腹の底からわかってくると、現状のいいところを見る、ということは簡単にできるようになりますし、望んだものが全部与えられているのだから、もう感謝しかない、ということに気づいていくでしょう。

私もそこに完全に到達しているわけではありませんが、引き寄せの実践を始めた頃に比べると、宇宙への信頼度というのは格段に上がっており、「与えられたものが自分の望んだものなのだ」と自分の脳でも理解できることが、随分増えたように感じています。それに伴って現実もどんどんと変わり、近頃ではもう感謝と幸せといいことしかない、と言ってもいいくらいです。

もちろん、与えられているものが最善であり、望み通りなのだということは、感謝だけするべきでそこから変化を望んではいけない、ということではありません。ただ、現状が不満でそこから逃げたくて変えたい、というのと、現状が最善であり、望み通りなのだ、ということを本当に感じた上で、そこからさらにもっともっと望む方向へ変えたいというのは、同じ変化を望むのでも、宇宙という巨大な鏡に映るものは全く違うのです。

前者はもっと不満を感じるような現実を引き寄せます。後者は、どんどんと自分にとって良い現実を引き寄せます。

もっともっと望みを叶えたいという思いはいつでも持っていていいのです。宇宙はあなたの望みを叶えたくてうずうずしています。楽しむためにここに生まれてきているのですから。もっともっと楽しむことこそ、この世に生まれてきた目的であり成長です。

ただ、**現状に不満を感じるという人は、何かを望むことより前に現状のいいところを見て、与えられた現状に少しでも感謝できるようにしていくのが先**になります。そのあとに、いくらでも望む現実を引き寄せられるようになります。

あなたは自由です

「人間とは絶対的に自由な存在です」と聞いたことはないでしょうか？　そう聞

いて、おそらく多くの人は、「お金のためにやりたくないことをやらねばならないこともたくさんあるよ、自由な部分もあるけれどそうでない部分もあるよ」と思うかもしれません。

しかし、この「人間とは自由な存在」の意味するところは、**人間は自由に思考ができる**、ということなのです。どんな状況にあっても、あなたの思考に他の人が入り込んでくることはできません。あなたの思考を無理やり誰かが選んだり、変えたりすることはできません。あなたの思考は、あなただけのもの。思考と波動が現実を創っていくことを、本当に実感し理解できたとき、この自由の意味がわかってきます。

思考はいつでもどこでもどんな状況でも、あなただけのものであり、自由です。あなただけがあなたの思考を選択でき、そしてその思考があなたの現実を創ります。ですので、**あなたは、誰からも邪魔されない絶対的に自由な存在**なのです。

あなたは自由です。

現実を見つめる必要はない

これまで生きてきて、どうしても現状を見て、現状について考えてしまうのが当然になってしまっていると思います。しかし、現状というのは、あなたの今の本心がただ、現れているだけ。

実は、現状を見つめる必要というのはありません。もちろん、それが自分にとって喜ばしいものなら、おおいに喜びましょう。しかし、もしそれが望まないものなら、それに捉われる必要はないのです。

現状がどうあっても、自分の望むものを、自分の思考で選択することができるのです。そしてそれが、自分の望む現実を創っていきます。

例えば、恋人とケンカしたとしても、これは何かの良い予兆だ、と思うことができます。何か仕事で失敗したとしても、うまくいくことにつながると信じればよいのです。

最初は難しいかもしれません。しかし、思考は自由なので、**どんな状況でも何を思うかは自由**だということは忘れないでください。

辛いのに無理に笑う必要はありませんし、自分の気持ちに嘘をつくということでは全くありません。ただ視点をどこに置くかということです。少し大きな視点に立つことができれば、辛いことは辛いこととして、この辛い現状が、何か良い未来につながっているかもしれないな、と思うことはできます。**辛いと思っているだけでは、この先も辛いことを引き寄せるだけですので、現状がどうあろうと、自分が望むことを考える必要がある**んですね。

現状を否定しろ、ということではありません。まずは現状を自分が創ったものだと認め受け入れることは大事です。そして、今自分が感じていることを素直に認めることも大事です。そのうえで、現状がどうであれ、これから自分の考えることは自由だということです。現状は現状として認めつつ、もし、それがあなたの望まない現状であれば、では何を望むのかを考えればよいのです。

確かに、現状と相当に乖離《かいり》した状況に、いきなり到達することはできません。その意味で、現状がどのあたりなのか確認するのはよいと思います。現状の生活で、自分は何をどう感じているのか、そして、どのくらい喜びを感じているのか、確認してみましょう。その上で、自分の望むことを考えるクセをつけていきましょう。それが、あなたの望む現実を引き寄せていきます。

行動は原因になれない

現実を変えるためには行動を起こす必要があるように感じるかもしれません。しかし、「現実を変えるために」無理に行動を起こす必要は全くありません。現実を変えるのは、あくまであなたの思考であり、思考から出ている波動です。行動では、現実は変えられないのです。行動は原因にはなれません。行動で一時的に何かが変わっても、あなたの思考と波動が変わっていない限り、また同じような状況を引き寄せます。行動とは、本来、自分の思考と波動で創った現実を楽しむためのものなのです。

行動することで何かを変えようとするのではなく、まずはあなたの思考と波動を変えてみてください。あなたの思考はあなただけのもの。それを、誰も邪魔したり、批判したりはしません。好き放題考えることができます。何か行動するより、よほど簡単なことだと思いませんか?

しかしこのように書くと、何もしなくていいように感じるかもしれませんが、そういうことではありません。行動によって何かを変えようとする必要はありませんが、実際に現実が変わっていく過程で、何らかの行動が必要になる場合はもちろんあります。思考と波動が本当に変われば、行動も自然と変わっていくということもあります、そして、**あなたが素直にやってみたいと思ったこと、直感でこれをやったらいいのではないかと思ったことなど、流れに乗る形で自然に行動を起こすのは躊躇しないで**ください。無理に行動する必要は全くないですが、あなたのいい気分やワクワクや直感に従って自然に行動すればよいのです。自然に行動するというのは、例えばトイレに行きたいから行くというような感覚です。

　また、行動することによって自分に自信がつくことは多々あると思います。例えば、能力を磨くために何かの練習をしたり、お洒落をして外見を磨いたりといったことですね。こうした行動は、行動することによって少しずつでも自分を信じる割合が増えていくことになります。そうして自信がついてくると、あなたの信じるものが変わってきますので現実も変わってきます。その行動によって、あなたの信念、本心、思考、波動に変化が出てくれば、現実もそれにつれて変わってくるのです。

　行動というのは、基本的にはあなたの思考と波動によって創造した現実を、楽しむためのものですが、それ以外の場合、自分を信じるために、自信をつけるために、何か行動を起こしてみてください。どんなときも、何か外の状況や他人を変えようと、無理に行動を起こす必要はありません。

苦労はする必要がない

苦労は買ってでもしろ、なんて言いますね。もちろん、苦労から学べることはたくさんあると思います。しかしそれは、苦労はしなくてはいけないということではありません。人間は苦労するために生まれてきたのではないし、苦労から学ぶために生きているのではありません。自分で人生を創るために、そしてそれを喜び楽しむために生まれてきているのです。ですので、苦労をいいことだと思うのはおすすめしません。そう思っていると、苦労する現実が引き寄せられてしまうからです。

あなたの望みに対し、ハイヤーセルフが最善の状況を用意してくれる、と言うと、何か自分にとって悪いことが起こっても、苦労のために宇宙が起こしてくれたんだ、という方向へ行ってしまいがちですが、そうではありません。ハイヤーセルフも宇宙もあなたを苦労させたいなんて思っていないのですが、あなたが苦労が美徳だという思考や、自分は喜びや幸せに値しないという思考をどこかで持っているから、そのような出来事が起こるのです。

もし苦労する現実を引き寄せてしまったら、そこからどう学べるか、どういい気分になれるか、それを考えるのは素晴らしいことです。

しかし最初から苦労を引き寄せる必要は全くありません。自分は何が好きなのか、楽しいのか、どうすれば気分がいいのか、いつもそれを考えておきましょう。

あるがままでいいのか

人間はあるがままでいい、という言葉を聞いたことがあるかもしれません。でもそれは実は、自分はそのままでいい、何も変わらなくてもいい、という意味ではないんですね。

　私はもし、自分がネガティブな思考に支配されそうになったら、それをあるがままに放っておいたりしません。ネガティブな思考を認めつつも、そこから少しでもいい気分になれるような思考を探します。

　実は、あるがままでよいというのはあなたではなくて、あなたのハイヤーセルフ（本当の自分、高次の自分）なのです。ハイヤーセルフは完璧です。どんなときでもポジティブで、幸せそのもの、愛そのもの、喜びそのものです。ですから、あなたのハイヤーセルフは「あるがまま」でよいのです。

　しかし、物質界である地球で生きている自分は、常に少しでもポジティブな方向、愛や喜びの方向へ思考と波動を選択していくことで、自分の望みを叶えていきいきと充実した人生を送ることができるのです。

　ありのままでいいのは、ハイヤーセルフ。あなたは、そのハイヤーセルフの状態に少しでも近づいていかなくてはならないんです。近づいていかなくてはならない、というと、しなくてはならないことがあるようで語弊がありますが、近づいていけば、自分が本当にやりたいことを思い出したり、そしてそれを後押ししてくれる状況が自然と整ったりと、あなたにとって楽しいこと、良いこと、喜ばしいこと、幸せなことがいっぱいあるんですよ、ということです。

ただ、「ハイヤーセルフは完璧で、あなたはだめなのですよ」ということではもちろんありません。ハイヤーセルフはあなた自身でもあります。つまり、あるがままでよい、というのは、**誰しも例外なく、本来は愛と光の存在であり、幸せになるために必要な素質や要素を自分の内側に持っています**よ、という意味なのです。ですので、他人と比べる必要もないし、自分に否定的になる必要もありません。その自分の持っているもの、本来の自分に気づくか、気づかないか。気づこうとするか、しないか。そして、自分の持っている素質を活かそうとするか、しないか。それはあなた次第なのです。

もともとあなたは幸せなのです。それ以外はあり得ません。今はゲームに参加中なので、そのことを忘れてしまっていますし、幸せを妨げるようなエゴやエゴから生まれる抵抗を持ってしまっているのですが、もともとある状態へ戻れば幸せです。誰もが、等しく素晴らしい存在なのです。

どんな人でも、地上でどんな風に見える人でも、そのハイヤーセルフは完璧です。これは、あなたの嫌いな◯◯さんも同じですよ。今、どれほどひどい人に見えようとも、人間は本来は愛の存在なのです。

ハイヤーセルフにつながる

多くの人が自分とは目に見える自分の身体《からだ》だと思っているかもしれませんが、そうではありません。あなたは、もっともっと大きな存在です。

ハイヤーセルフというのが、本当のあなた、高次の自分なのだということは第二章でみてきましたが、その本当のあなたというのは、常にどんなときでも、喜び・楽しさ・嬉しさ・ワクワク・安心・平安・感謝といったポジティブな要素で満たされています。この地球で、あなたの身体がどんな目にあっていようとも、常にハイヤーセルフはポジティブです。そして前向きです。

ハイヤーセルフは、完璧で、何でも知っていて、そして何でもできます。このハイヤーセルフにできるだけつながるように生きていれば、あなたは、本来の自分を、幸せな自分を、充実した自分を、生きていくことができるのです。

ではどうしたら、ハイヤーセルフにつながっていけるのでしょうか。62ページの図をもう一度見てください。ハイヤーセルフはザルのすぐ上にいますので、頭の上のザルの目を広げていくようにすれば、自然にハイヤーセルフにもつながっていくのです。つまり、**良い現実の引き寄せの方法と、ハイヤーセルフとのつながり方というのは、全く同じなのです。**

源《ソース》＝神＝愛＝ハイヤーセルフ、という方程式に、＝物質界のあなた、をくっつけてつながろうとすると、あなた自身も同じ要素で満たしてあげないと、どうやってもつながれません。あなたが自分で自分をいい気分にすることにより、ハイヤーセルフとのつながりがどんどんと強化されていくのです。そしてハイヤーセルフとのつながりが強化されればされるほど、自分の望む方向への現実の創造が加速されていきます。また、ハイヤーセルフから降ろされる直感が冴えてきたり、宇宙の采配について自分の脳でも理解できることが増え、何事にもより自信を持って取り組むことができるようになってくるのです。

ハイヤーセルフにつながるにつれ、あなたは、自分の歩むべき道をリラックスして迷いなく歩むことができるようになります。そして、理由もなく心から湧き上がる幸せを感じられるようになっていきます。これはまさに、自分で幸せになる、という状態で、この状態からですと幸せを引き寄せるのは本当に容易なことなのです。

誤解してほしくないのは、つながれなかったらダメというわけではありません。

あなたがつながりを感じようが、感じまいが、ハイヤーセルフは常に、あなたにとって最善のものを提供してくれています。例えば、思考がネガティブに偏っていて、ネガティブな思考を潜在意識に送り出していたとしても、ネガティブなりに、あなたにとって最善最高の状況を用意してくれているのです。

他人は変えられない

引き寄せの練習、つまりいい気分になる考えを選択する練習を始めると、自分だけの思考に集中しているときは、それほど難しくありません。練習していけば、どんどんできるようになります。しかし、そこに他人が絡んでくると、少し難しくなってくることもあります。ですので、他人とはどういう存在か、また他人が自分に関わってきたときにどう対処するのか、基本を押さえておくことが大事です。

あなたの思考はあなただけのものである、とみてきましたが、同じように他人の思考はその人のものであって、あなたは入り込むことはできません。よって、あなたは、他人に影響を与えることはできても、**他人をコントロールすることは絶対にできない**のです。その人の現実は、その人の思考と波動のみが創るからです。そして、その人の思考をあなたが無理やり変えることはできません。つまり、他人を変えようという試みは、できないことをしようとしているわけで、ただ無駄な労力を使い、ストレスをためることになります。

他人を変えたいというのは、そのほうが自分がいい思いができるから、というのが裏にある場合がほとんどですが、他人はあなたを喜ばせるために存在しているわけではありません。他人はその人自身の現実を創り、その人自身の喜びを追求するために存在しているのです。

思考は自由です。あなたが何を考えようと、あの人が何を考えようとかまわないのです。あなたの思考が正しいということもなければ、あの人の思考が間違っているということもありません。それぞれが、それぞれの世界を創り上げています。

また、自分の思考が現実化するということを実感し始め、自分の幸せは自分の思考の選択のみにかかっているとわかってくると、他人があなたに悪い影響を及ぼすことはないこともわかってくるでしょう。どんなことが起こっても、自分の思考と波動は自分で選択できるからです。このことを誰もが心から理解すれば、他人をコントロールしたいと思うこともなくなり、争いごとも起こらなくなるでしょう。

多くの人が、引き寄せ、つまり自分がいい気分でいることの大切さと、他人はコントロールできないということを理解し始めると、争いごとが減っていきます。最後には戦争もなくなるでしょう。引き寄せというのは、そんな素晴らしい可能性をも秘めているのです。

他人は自分の思考の鏡

よく「他人は自分の鏡」なんて聞きますね。これってなるほど、と思える部分もありますが、完全には受け入れられないこともあるのではないでしょうか？例えばどこの職場にもいますよね、強烈に性格の悪いと思える人や、いつも他人の悪口ばかり言っているような人。その人を前に、これは自分の性格の悪い部分やネガティブな部分が出ているんだ、と素直に受け入れられるでしょうか？

実は、他人はあなたそのものの鏡というわけではないんです。例えば、あなたの目の前にとても性格の悪い人がいるとして、それは、あなたの性格の悪い面が出ているのではなくて、あなたが、その人を性格が悪いと思っている、その思考が映し出されているんですね。第一章でみてきた通りです。

つまり、**「他人は自分の思考の鏡」**なのです。

　このように、あなたが、「あの人は○○な人だ」と思っているその思考が現実に現れて、その人は「○○な人」になっているわけですが、しかし実際は、「○○な人」という人はいません。そんな一面だけの性格を持った人はいないのです。どんな人でも、多様な側面を持っています。

　あなたの怖い上司は、家では娘に甘い顔を見せているかもしれません。口うるさい義母も、町内会では信頼される存在かもしれません。頼りない旦那さんも、会社では頼られているかもしれません。きつい同僚も、両親には優しい面を見せているかもしれません。

　あなたが○○な人だと思っているその人は、あなたの思い通りに、あなたの前では○○な人になっています。しかし、あなたが○○な人だと思っている、その思考を少しずつ変えていくと、「他人はあなたの思考の鏡」ですから、相手が本当に変わっていく、という経験をします。

　しかし、それは相手が変わったのではありません。先ほど見てきた通り、他人はコントロールできませんし、変えられません。ただ、**その相手がそもそも持って**

いた様々な側面のうち、あなたの思考と波動に合っているものを、あなたが引き寄せて見るようになったのです。あなたが自分が嫌だと思う面に集中していると、その面ばかりを見ることになり、自分が少しでも良いと思う面を見ようとすると、その良い波動に合った面が引き寄せられるのです。

他人は変えられませんが、あなたは自分の思考、そして波動を変えられます。そして、その波動に同調する人や性格のみが、あなたに引き寄せられて来るのです。嫌いな人を無理に好きになる必要はありません。ここは間違えないでくださいね。よく、愛を持たなきゃ、とか、すべては感謝だ、という方向へ行ってしまいがちですが、嫌いな人に無理に愛を感じようとしたり、愛を送ったりしようとする必要はありません。

ただし、たとえ嫌いな人がいても、あなたが嫌だなと思っている部分に思考を集中するのでは、何も変わりませんし、今後も自分が嫌な思いをするだけです。あなたにとっていいことがひとつもありません。ですので、その人の中で少しでも良い面に思考を向けるようにしてみてください。どうしても良い面が見つからなければ、あなたの引き寄せの練習のためのよい練習台になってくれている、ありがたい人だと思ってみるのもいいかもしれません。嫌だと思う部分以外に焦点を合わせていくと、だんだんとその人は、あなたに今までとは違った側面を見せてくれるようになり、あなたが嫌な思いをすることも少なくなってきます。そして、あなたは今よりもっともっと楽しく過ごすことができます。

無関心という選択

嫌いな人や苦手な人に対して、もうひとつできることは、「無関心」をできるだけ貫くことです。好きになる必要はないので、できるだけ考えないようにしてみましょう。嫌な人の嫌な面というのは、どうしてもそのことで頭がいっぱいになってしまったりしますが、それを減らそうと、少しだけ気をつけてみてください。

食べ物で考えてみてください。嫌いなもののこと、いつも考えているでしょうか？　嫌いなものをレストランで選ぶでしょうか？　無理して好きになるでしょうか？　嫌いなものは嫌いなものとして、ただ、自分は選ばない、それだけだと思います。

嫌いな人についても同じことが言えます。あなたは嫌いな人を選ぶ（嫌いな人のことを考える）必要はないのです。逆に、嫌いな人から選ばれる（嫌いな人から好きになってもらう）必要もありません。

あなたの嫌いな人というのは、大抵、怒りっぽかったり、攻撃的だったり、いつも愚痴を言っていたり、何でも人のせいにしたり、そういう人が多いのではないかと思います。いつも前向きで優しい人はなかなか嫌いになりませんから。ネガティブな側面を持ったあなたの嫌いな人を前にした場合、あなたのできることは、**とにかく、自分の気分を良くして自分の波動を高く保つことです。**

「自分はあの人みたいにネガティブな面を前面に出して生きることは望まない、望みがはっきりできてよかったな」

「あの人みたいに怒りっぽいのが自分じゃなくてよかったな」

「あの人はあれでいい、自分には関係ないわ」


このように考えて、あとはできるだけ忘れましょう。

あなたの嫌いな人、それはあなたと波動が大きく異なるから嫌いなのです。ネガティブな人を見て嫌だな、と思う場合、あなたの波動はポジティブが優勢になっています。そのことを良かったと思い、いい気分になってしまいましょう。

引き寄せの法則の基本として、同じ波動のものが引き寄せられますので、あなたが波動を高く保てば保つほど、他人の波動の低い側面を見ることは少なくなってきます。ただ、その波動の境界は厳密に区切られているわけではなく、自分の持っている波動の高い部分から低い部分まで、どの部分でも引き寄せる可能性はあります。また、この地球に来た目的のひとつとして、自分の望みを知り、それを叶えて喜び成長する、ということがあるため、自分の望まないものを見ることも多少はあるわけです（もちろん基本的には優勢となっている波動のものを多く引き寄せますので、できるだけいい気分でいることをおすすめしますが）。

自分の中の優勢な波動と異なるもの、つまり、嫌いな人の嫌な言動を引き寄せてしまうことにもときにはあるでしょう。そんなとき、その人の波動に流されないように気をつけてみてください。その嫌な人の嫌な面ばっかり考えていたり、その人を変えようとしてみたり、その人に何か気づかせようとしてみたりするとき、つまり、その人のことを考えているときは、その人の波動に焦点を合わせてしまっています。そうなってしまうくらいなら、無関心でいたほうが、自分の波動はよほど保てるのです。

自分の気分を良くしたら、あとは放っておきましょう。

ただ、あなたのどうしても嫌いな人が血のつながった身内等の場合、それは自分で今回の人生の課題として選んできている可能性があります。ですので、切っても切れない縁の人がどうしても嫌い、という場合は、そこに何か自分で決めてきた必要な何かが隠されている可能性がおおいにありますので、その場合は、その人から自分は何を学べるか考えてみたり、その人の良い面を見るようにしてみてください。また、自分の良さや素晴らしさを自分に気づかせるために、嫌なことが繰り返し起こっているという可能性もあります。

学びや気づきがあれば、あなたの思考や波動に変化が起こるため、必ず現実に何か変化が現れてきます。あなたがその関係から必要なことを学ぶことができれば、その関係は終了したり、良い方向へ向かったりするのです。

何が本当に他人のためになるのか

スピリチュアルの世界に足を踏み入れ、自分のことより他人のためを優先するという思想に出会った方も多いと思います。私もその一人でした。利他主義こそ霊的成長と、そのように思っていたのです。

しかし、ここで大きな疑問が生まれました。それは、何をすれば本当に他人のためになるのか？　ということです。それは、わかるようでわからないのです。もちろん、目の前に困っている人がいたら助けます。しかし、この日本で暮らしていて、毎日毎日そんな状況に出会うわけではありませんし、困っている人をこちらから探しに行くのも何か違うような気がしました。自分の子供を見ても、何をしてあげれば一番子供のためになるか、はっきりわからないのです。ましてや他人となると、さっぱりわかりません。何をすれば本当に他人のためになるのか？ということは、私にとってはスピリチュアル最大の疑問と言ってよいものでした。

しかしこの疑問も、引き寄せに出会うことで解決したのです。

これまで、人間は誰しも自分の思考と波動によって自分の現実を創っていく力を持っていること、その力を発揮するにはいい気分でいることが一番だということ、他人の現実はその人の思考と波動によってのみ変えられる、ということをみてきました。

この三つを総合的に考えると、自分が他人にできる、その人のためになることとは、**「他人がポジティブな思考を選択し、いい気分になるのを助けてあげること」**です。そうすればその人は、ポジティブな現実、その人にとっての良い現実を引き寄せることができます。

友人が何か困難を抱えている場合、同情して一緒に心配しても、あなたも相手もネガティブな現実しか引き寄せません。そこから負の連鎖が始まってしまうんですね。

心配しても、それは、またさらに心配したくなるような現実しか引き寄せないのです。つまり、あなたが友人を心配するということは、友人に、「あなたはこれからも幸せになることなんてできないよ」と言っているのと同じなのです。

これはもちろん、友人だけではなく災害などの被害にあわれた方、その他の困難な状況に置かれている方に対しても同じです。心配は何の足しにもならないどころか、さらなる心配な状況を呼んできます。

もし友人が問題を抱えていたら、問題そのものについて考えて心配を増長させるのではなく、こうしたらその問題が解決するんじゃないか、という解決策のほうを一緒に考えてあげましょう。解決策に目を向けることで、前向きなポジティブな波動が生まれてきます。

または、そんなことは忘れて美味しいものでも食べに行ったり、悩みを吹き飛ばすような楽しいことに誘ってあげましょう。現状がどうあれ、少しでもいい気分になることがその先の良い現実につながるのです。

あなたの喜びが他人のためになる

先ほどの「他人がポジティブな思考を選択し、いい気分になるのを助けてあげること」については、仲の良い友人やよく知っている相手ならそれができますが、どんな人に対してもそれができるというわけではないですよね。そこでもうひとつ、他人のためになることがあります。

それは、**「自分の望む現実の創造に集中する」**ことなのです。つまり、自分の望みに素直になって、自分がいい気分でいることに専念することです。

自分の現実を創造するのに集中するには、自分がいい気分を保たなくてはいけません。そうすると、源《ソース》とのつながりを強化することになり、源《ソース》からの愛と豊かさのエネルギーをふんだんに享受することになります。この源《ソース》から降りてきたエネルギーというのは、自分だけではなくて他人にも伝播し影響を与えるのです。自分と他人の間に境界線があるわけではないですし、自分も他人も本当はひとつで、つながっているのですから。

例えばあなたが、乾燥したオフィスで自分のデスクに小さな加湿器を置いたとします。これであなたは潤いますが、これは、隣の人も多少は潤しますよね。そして、オフィス全体をも多少は潤します。そのような感じです。

あなたの波動が上がってくると、「その場」（あなたの周りの場所と言ってもいいですし、大きく捉えると地球全体）の波動も上げることになります。そして、それが他の人にも気づきを与えたり、他の人がいい気分になるための影響を与えたりするのです。

最初は、自分の喜びだけを追求するのに抵抗があるかもしれません。しかし、本当にその人の思考と波動だけがその人の現実を創っていることや、すべてはひとつだということ、またすべてはうまくいっているんだ、ということがわかってくると、この考えも徐々に受け入れられるようになってきます。

それほど親しくない他人や全く知らない人に対してあなたができることという

のは、「自分がいい気分でいて、源《ソース》につながっていること」です。つまり、**自分の引き寄せに集中して、自分が心から楽しく、喜んで、いい気分になっていれば、それが他人のためにもなる**のです。ですので心置きなく、自分の「いい気分」を追求してください。そして、自分の望みを叶え、喜びを追求してください。それが、他人のためにもなるのです。

良い世界を想像する

自分の喜びが他人のためになる、とわかってはきても、例えば、戦争や飢餓など、遠く見えないところで起きている世界のネガティブなことについて何かできることはあるんだろうか、という疑問が浮かんでくるかもしれません。日本に住んでいれば、戦争や飢餓を実感することはないですが、この同じ地球上で戦争や飢餓が起こっているというニュースは目にすることがあるでしょう。

何かできることがあればしてあげたい、そういう気持ちを持つ人も多いと思います。自分がいい気分を追求していれば、それも間違いなく助けにはなるのですが、もう少し直接的に何かできないか、とも思いますね。

戦争や飢餓に心を痛め、どうにかしたいと思う、その気持ちは素晴らしいものです。しかしここでまず確認したいのは、戦争や飢餓というネガティブなことはあなたの望まないことであるということです。望まないことに意識を向けない、これは引き寄せの基本です。

あなたが戦争を望まないのであれば、戦争に意識を向けてはいけません。あなたが飢餓を望まないのであれば、飢餓に意識を向けてはいけないのです。意識を向ける、ということは、そのものに力を与えることになるのですね。ですので、戦争や飢餓そのもののことを長時間考えるのは、逆にその現実を強化してしまうのです。それは困りますよね。

では、どうすればいいのでしょうか？　それは、自分が望むことに意識を向けるのです。戦争を望まないあなたは、世界中の人が平和に暮らしている姿を望んでいるはずです。飢餓を望まないあなたは、世界中の人がお腹いっぱい食べている姿を望んでいるはずです。そうした世界に意識を向け、想像しましょう。

ここで、思い浮かぶのはもうこの曲しかありません。

Imagine all the people living life in peace…
（すべての人々が平和に暮らしているのを想像しよう）

あなたが本当に望む世界に意識を向け、想像すること。これが、あなたが他人のためにできる三つめのことになります。ジョン・レノンの有名すぎるほど有名なこの曲は、「Imagine したら、それが現実になるんだよ、望むことに意識を向けよう」という、まさに引き寄せの法則を歌った曲なんですね。

また、マザー・テレサの「私は反戦運動には参加しません。ですが、平和活動には喜んで参加します」という言葉も大変有名ですが、これも、望むことに意識を向けようという、引き寄せの法則のことを言っているのです。

素晴らしい世界を心から望めば、それが自分の現実として創られていきます。そうすれば、支配者を恐れたり、絶望を感じることはありません。また、それらを意識し批判したりすることは、逆にそれらに力を与えることになってしまいます。戦争や飢餓や支配者と戦うのではなくて、あなたは、**あなたの意識を自分の望む方へ向けるだけでいい**のです。そうすれば、その世界を少しずつ引き寄せていくのですから。世界にはこんな悲惨なことがある、と考えるのではなくて、**こんな世界になったら素敵だなと考えましょう、想像しましょう。**

最後にまとめると、

①他人がポジティブな思考を選択し、いい気分になるのを助けてあげること

②自分がいい気分でいて、源《ソース》につながっていること
③あなたが本当に望む世界に意識を向け、想像すること

この三つが、あなたが他人のためにできることです。迷ったら、この三つを思い出してみてくださいね。

あなたの言動により、相手が気分を害したら、それは相手の問題である

普通に生活していれば、あなたが何かをして、他の人が気分を害することがありますね。そんなときはどうすればいいでしょうか？

他人はあなたを喜ばせるために存在しているのではない、と見てきましたが、同様に、あなたも他人を喜ばせるために存在しているのではありません。あなたは、あなたの喜びを追求し、あなたの現実を創るために存在しています。これは、どんなに近い他人、親や子供や配偶者でも同じです。他人が喜んでくれたらそれは嬉しいことですが、もし喜んでくれなくても、別にそれでかまわないのです。

もし、あなたの言動で他人が気分を害したら、それはあなたの問題ではなくて、その相手の問題です。というのは、源《ソース》につながっている人、つまり常にいい気分を選択しようと心がけている人は、どんなことが起こってもポジティブな面を探そうとするので、他人の言動で気分を害することはありません（短時間、気分を害することはあるかもしれませんが、そこから自分でいい気分に持っていくことができます）。

しかし、源《ソース》につながっていない人というのは、何か自分の嫌なことが起こったときに、その嫌な面だけにとらわれてしまい、自分で自分の気分を害して、さらにネガティブな現実を引き寄せます。

つまり、相手がいい気分になるか、悪い気分になるかというのは、あなたが何をした、というのは実は関係がなく、その相手の思考の選択の問題なのです。

もちろん、他人に対して、意図的に気分を害するようなことや、明らかな迷惑行為をしてもよいということではありません。本当のあなたというのは愛であり良心なのです。これらは、もしあなたが本当のいい気分の状態、波動の高い状態にあったら、絶対にしないことなのです。本当のいい気分は調和します。

しかしあなたが、あなたの喜びや情熱から自分がただやりたいと思うことをやって、他人が気分を害してしまったとしても、それはその人の問題ですので、あなたは気にする必要がありません。自分の言動のどこが悪かったのか、思い悩む必要はありません。さっさと忘れて、自分がいい気分になるのに専念しましょう。

結局のところ、**相手があなたの言動に対してどう思うか、というのは、あなたはコントロールすることができません。**相手はあなたの発言を受けて、気分を害するという選択肢をとることもできるし、他の選択肢をとることもできるのです。他の選択肢もあるのに、自ら好き好んで「気分を害する」という選択をしているのです。

相手の選択は、相手の責任においてやることなのです。**自分の幸せが他人の言動にかかっていないのと同じく、他人の幸せはあなたの言動にはかかっていません。**

あなたは、**自分自身の選択、自分自身の波動を高め、いい気分にすることにのみ責任を負っています**。他人はコントロールできません。自分がいい気分でいることだけに集中しましょう。

他人はあるがままでよい

さて、あるがままでよいのはあなたではなくてハイヤーセルフ、ということをみてきましたが、もうひとつあるがままでよいものがあります。

それは、「あなた以外の他人」です。実は、**「人間あるがままでよい」のは、自分ではなくて他人のほう**なんです。

あなたの周りの他人で、あなたを楽しくさせてくれる人、いい気分にさせてくれる人がいれば、その人があるがままでよいというのは簡単に受け入れられるかと思います。

しかし、あなたを嫌な気分にする他人がいたらどうでしょうか？　その人に変わってほしいと思ってしまうのではないでしょうか？　その場合、他人はあなたの望みをはっきりさせるために存在しています。たとえ、どんなに自分の考えと違う人、どんなに非道理な人がいたとしても、あなたは、それを見て「自分はこれは望まない。そしてこっちを望む」ということをはっきりさせ、それが完了したら、**その人がどうあるかというのは、あなたには関係のないこと**なんですね。

あなたの望みがはっきりしたら、それ以上はその人に関してすることはありません。他人は、あるがままでよいのです。

しかしここで、多くの人は、他人に自分を理解してもらおうとしたり、他人を自分の望む方へ変えようという努力を始めてしまいます。しかしこれは、決して叶えられない望みです。他人を自分の望む方へ変えようとする裏には「その人は自分の望まないことをする」という本心があり、その本心が現実に現れるため、変えようとする限りは変わらないのです。

もしあなたに誰か嫌いな人がいるとして、その人と関係を修復しようとしたり、無理に好きになったりしよう、と努力する必要はありません。嫌いは嫌いでもよいのです。ただ、その人がありのままでいいんだ、と心の底から思えるようになったら、その人は目の前から消えていくか、自然と疎遠になるか、自然と関係が修復されていくか、どうなるかはわかりませんが、自然とその人との間での悩みはなくなっていきます。

「他人は、あるがままでよい」のです。

可哀想な人はいない

結局のところ、あなたが他人の現実を変えることは絶対にできません。他人を自分の都合の良い方へ変えられない、というのは、多くの人がわかってくださると思うのですが、これは、他人をその人にとって良いと思われる方向へと変えることもできないのです。その人にとって良いと思われることというのも、結局は自分がそう思うからであって、自分の都合なのです。何を良いと思うか、悪いと思うかは人それぞれです。

他人に良い影響を与えることはできます。あなたは、自分の喜びを追求することや、自分の望む世界を思い描くことによって、他人に良い影響を与えることができます。しかし、可哀想だから他人を援助しよう、という気持ちから出た行動は、真に他人の助けにはなりません。

可哀想だなあと暗い気持ちになっているとき、あなたはいい気分ではないですね。それは、波動が低い状態です。そして、あなたはその波動に見合った現実しか引き寄せないのです。

また、**可哀想な人というのは存在しない**のです。もし、あなたの現実の中に可哀想な人が存在するならば、あなたが可哀想と思っているから、あなたの現実の中で本当に可哀想な人になって固定されているだけなのです。

あなたが、弱い人、可哀想な人だと思っていると、その人はあなたの現実の中で本当に弱い可哀想な人になってしまいます。実のところは、**誰もが思考と波動によって現実を創るという能力を持った素晴らしくパワフルな存在である**というのに。

援助しようという気持ちには、その相手が自分より弱い立場だという前提があります。しかし、人間は誰しも等しく愛と豊かさのエネルギー＝源《ソース》につながる能力を持っています。弱い人というのはいないのです。誰もが力強い存在です。例外はありません。

この世には、可哀想な人も、弱い立場の人もいません。いるのは、自分自身の現実を自分の思い通りに創造している人だけです。

自分の望む現実を見て自分の現実を創ること、そして、自分の喜びを追求すること。結局、この世であなたができるのはこれだけです。あなたには、他人の現実は創れません。

また、他人はあるがままでよいということもみてきましたが、これは、どんな場面でも適用されます。Aさんには適用されるけど、Bさんには適用されないということはありません。また、C国に住む人には適用されるけど、D国に住む人には適用されないということもありません。

自分の喜びに、自分の現実の創造に集中してください。そして、他人については、その人が自分で自分の現実を創造できるパワフルな存在であることを信頼してあげるだけでよいのです。

他人や全体のために何かしたい、その思いは大変素晴らしいものです。しかし、その思いを行動に移す際にできることは、自分の喜びを追求することなのです。そうすればするほど、それが他人のためになります。すべてはひとつであり、そのすべてはあなたが創っていますので、自分のためにすることは他人のためにもなるのです。

自分中心軸

誰かのことを褒めるときって、このように褒めますよね？

「あなたのことを、私は素晴らしいと思う」
「あなたのこんなところを、私は素敵だと思う」

しかし、批判するときというのは、大抵こうなってしまいます。

「あなたは○○するのを、やめたほうがいいんじゃない？」
「あなたのやってる○○は、間違っているんじゃない？」
「あなたの言ってる○○は、おかしいんじゃない？」
「あなたは、こうしたほうがいいんじゃない？」

褒めるときは、自分の感想、感情が中心になっています。しかし、批判するときは相手の言動が中心になってしまっているんですね。そして、相手に相手の言動を変えてほしいと望んでいるんです。

何度でも書きますが、他人は変えられません。ただ、あまりにこれを意識しすぎると、他人との関係においてバランスをとりにくくなる、というのもわかります。また、相手のやることを何でも受け入れればいいのか、というと、それも違います（自分がそれを引き寄せている、という認識はあってよいのですが）。

ではどうすればいいのかというと、例えば、他人があなたの気に入らない何かをしたとき、あなたのできることはこれです。

「あなたが○○すると、私は、嫌な気分になる」
「あなたが○○するのを、私は、望まない」

自分の感情を確認する、または、表現する。

褒めるときというのは、自然と自分の気持ちを表現しているんですね。自分中心で考えているんです。ですので、相手との関係もうまくいきます。しかし、批判するときというのは、自分の気持ちを表現するよりも、相手に相手の言動を修正させようとしているのです。これは、絶対にできないことをやろうとしているわけで、もちろんうまくいきません。

常に褒めろ、ということではもちろんありません。誰かの言動で嫌な気分になったら、ただ、自分は嫌な気分だ、ということを確認すればいいんです。面と向かって言える相手であれば、表現するのもいいでしょう。嫌な気持ちを持ったり、怒ったり、人間だったら当たり前です。ただし、**それを相手のせいにしている限り、苦しくなるのは自分ですし、相手との関係もうまくいきません**。

他人の言動に対し、自分はこう思う。あなたが他人に対してできるのはそこまでです。そこから、相手の言動を変えようとすると罠にはまります。そして、**そこからいい気分に持っていくのは、相手ではなくて自分の責任**です。

自分中心というのは、他人の迷惑もかえりみないで好き勝手にやる、ということではなく、常に、**自分がどうなのか、自分はどう思うか、自分はどうしたいのか、それを考える、それを自分でわかっている**ということです。そして、自分がどんな気持ちになったとしても、それは自分の選択であり、相手のせいではないとわかっていることです。

それによって自分の人生が創られていきます。他人のことをいくら考えても自分の人生は創造できません。そんな時間があるのなら、自分で自分のことを考えていたほうがよほど有意義なのです。

そしてこれが、自分の人生に責任を持って主体的に歩む、自分で自分の人生を創るということです。決して相手のせいにせず、自分中心で考え、それに沿って行動していけば、あなたは、あなたの歩むべき道を歩いていくことができます。

あなたの選択は、相手の選択でもある

よく、こんなことを言ったりしたりすると相手にどう思われるかな、と躊躇してしまうことは誰にでもあると思いますが、それが自分の本心から出たものなら、何の心配も要りません。

あなたはあなたで思考によって現実を創っていますが、他人は他人でその人の現実を創っています。そして、そのそれぞれの現実というのは絶妙に重なり合っているのです。完璧な宇宙の中で、必要なときに必要な人が必要なことを言ったりしたりしてくれるのです。

つまり、**あなたの言ったことやしたことは、常に相手の選んだことでもあるのです。あなたが決めたことは、相手の引き寄せたことなのです。ですので、自分の言動に自信を持って**ください。

相手の行動に期待したり、相手を変えようという思いは叶いませんが、そうではなくて、「自分はこう思う、こうしたい」ということに基づいて何か言動を起こすとき、それは、間違いなく相手の選択でもあります。

人がどうこう、ということはあまり意識せず、自分の考えや自分のやりたいことを意識の中心に据えて、できるだけ生活してみてください。**できるだけ自分の本心にいつも注意を向けておきましょう。**自分の本心から考え、できるかぎりそれに沿って行動するクセをつけていきましょう。本当のあなたというのは愛そのもの。本心というのは、その愛からくるものです。あなたの良心というとわかりやすいかもしれません。あなたが愛、本心に沿って行動するとき、自分にも相手に

も良いことをもたらします。

そうして、自分の選択が相手の選択でもあるんだ、とわかってくれば、どんどんとラクに人と関わっていけるようになります。

どんな選択をしても、それが最善

宇宙も神も完璧なので、本当にすべてはうまくいっています。

今、自分自身は完璧だと思えないかもしれませんが、神や宇宙は完璧だと思いませんか？　あなたというのは、大本《おおもと》からエネルギーを分離させて出来上がったものですが、その大本《おおもと》というのは神でもありますから、あなたは神の一部だということもできます。だから、神のやることは完璧だけど、自分はそうじゃない、というのは理屈に合わないのですね。

本当にすべてはうまくいっています。ということは、私たちが何かを選択したとき、**それは常にその時点で最善の選択をしている**わけです。あなたが、どんなことを考えて、その中からどれを行動に移そうとも、それは最善の選択です。そのことがわかると、とてもラクになれます。

私も、これまであんなこともこんなこともしてしまったけれど、それでよかったのねと思えましたし、これから何かを選択するときも悩む必要はありません（自分は本当に何が好きか、何がしたいかはよく考える必要がありますが）。

どんなことでも、自分で選んだもの、それがそのときの最善なのですから。

これまではそう思えなかったこともあるかもしれません。自分のやった何かに対して、またやらなかった何かに対して、悩んだこともあるかもしれません。でもたとえ表面上どんなに失敗したように見えても、もっと大きな視野から見れば、完璧な選択だったのです。そして、悩んだことさえそれはそのときの最善でした。

「すべてがうまくいっている」と知ってしまった今、悩んで何になるのでしょう?

悩んで嫌な気分になれば、嫌な現実が返ってくるだけです。何かに迷ったとき、思い出してみてください。**いつでも、どんなときも、自分はそのときの最善の選択をしている**ということを。

そして、他人の選択も、その人のそのときの最善の選択です。そう考えると、他人のやること（またはやらないこと）がだんだんと気にならなくなってくるでしょう。やはり、「すべてはうまくいっている」は魔法の言葉です。

良いことをしたら良いことが返ってくる？

良いことをしたら良いことが返ってくる、とよく言われます。しかし、良い行いであっても、悪い行いであっても、カルマというものはありません。しかし、良いことをしたら良いことが返ってくるというのは、経験的にも直感的にも知っている、という人は多いと思います。実際、良いことをしたら良いことが返ってくることは多いんですね。

これは何故でしょうか?

大それたことではなくてちょっとしたことでいいのですが、あなたが何か良いことをしたとします。例えば、後輩や友達にご飯をご馳走したとします。理由は何でもかまいません。たまには、そんな気分になるときもあると思います。

あなたが他人に対して何か良いと思うことをしたとき、あなたの中で意識してもしなくても、多かれ少なかれ「そんなことをする自分って豊かだ、素敵だ、いい感じだ」といった思考が発生しています。そこから、自分を肯定するポジティブな波動が出ているのですね。ですので、その波動が自分に返ってくるのです。「豊かな自分」だったり「素敵な自分」という思考が現実化するのです。

他人のために何かしたようでも、結局は、どこまでもどこまでも「自分」なのです。あなたの宇宙を創るのは、本当にあなたしかいないのです。

また、寄付をするとそれは自分に返ってくるとも言います。それも同じで、寄付をするときに「寄付をする自分って豊かだ」「他人《ひと》のために何かできる自分って素晴らしい」という波動が出ているのです。豊かな波動や肯定の波動を出しているから、豊かさや良いことが返ってくるのです。

ただし、自分の生活も厳しいけど、世の中には大変な人や不幸な人がいるから寄付しなくては、と半ば義務感から寄付をしても自分には返ってきません。厳しいと感じている生活が返ってくるだけです。豊かさが返ってくるのは、寄付をする、しない、という行為が原因ではありません。**あくまでも自分が出している波動によって返ってくる**のです。

また、誰かを助けなくてはいけないという気持ちでの寄付は、この寄付を受け取る人は現在不幸です、と勝手に定義し、この寄付によって幸せになりなさい、と強制しているようなものです。「困っている人を助けたい」と思ってやっても、実際助けられないのです。助けを必要としている弱い立場の人、可哀想な人は本当はいないのですから。

　寄付をして、そのお金を受け取った他人がどうするか、どう思うかは、あなたには関係のないことなのです。ただ、寄付をしてあなた自身が満足し、あなたが喜んだのなら、そのいい気分が他人にも良い影響を与えるでしょう。

掃除と引き寄せの関係

　掃除をしたらいいことがある、と聞いたことがあるかもしれません。掃除をすると本当に運気がアップします。しかしそれも、「掃除をする」という行為が好運を引き寄せるのではないのですね。

　掃除をして、すっきりした部屋を見るのはやはり誰でも気持ちがいいですよね。

その「いい気分」がいいことを引き寄せるから、ラッキーなことが起こりやすくなってくるのです。

また、人間だけではなく、物や場所にも波動があります。掃除をすることにより物や場所の波動も上がるため運気があがるのです。

他にも、こうすれば運が良くなりますよ、というジンクスのようなものはたくさんありますが、すべて同じです。**その行為が運を引き寄せるのではなく、その行為によって自分の気分が良くなったり、場の波動があがった場合に幸運を引き寄せるのです。**ですので、誰それがこう言ったからやってみよう、というのも悪くはないですが、常にそれで自分が気分が良くなるかを考えてみてください。いくら他人が良いとすすめることでも、嫌々やっては何の意味もありません。

世間では、いろいろな人がいろいろなことを言います。確かに、多くの人に共通する「いい気分になる方法」というのはありますし、外の情報をすべて拒否したほうがよいということではありません。しかし、常に自分の気分を中心に置いて考えると、もう何をすればよいのか迷わなくなります。**答えは常に自分の中にあ**

るのですから。

自分がいい気分になれば、必ず良い現実を引き寄せる、というシンプルな法則があるのみなのです。

自己中心主義への抵抗

結局のところ、引き寄せの法則をうまく活用するには、いい意味で自己中心的でなくてはいけません。しかし、どうしてもこのことに抵抗を感じる人も多いと思います。

他人にも幸せでいてほしい、その思いは素晴らしいものです。私も、いつもその気持ちを持っています。ブログやこの本を書いているのも、自分が書きたいから書いているわけですが、その裏には、多くの人が自分の望む人生を歩むためのお手伝いができればという思いがあります。

他人が喜ぶことが自分の喜びです、という人もいるかもしれませんが、それは、自分より他人を優先するべきだということとは違うのです。自分より他人を優先すること、そこにこだわっていると、自分で自分の人生を意識的に創っていく、ということが難しくなってきてしまいます。この世に生まれた目的というのは、自分で自分の人生を創る、自分にとっての喜びの人生を創る、ということなので、その目的から外れてきてしまうのです。

他人のことはどうでもよい、と言っているわけではありません。とにかく「自己中心的」になって、自分をこれでもか、というほど満たしてあげないと、他人のためになるなんてことはできない、ということです。**自分がいい気分になること以上に大切なことは何もありません。**

ただあまりにそれを意識すると、日常のちょっとした場面、例えばご老人や妊婦さんに電車で席を譲る、というようなことにも意味はないのか、と思ってしまうかもしれません。そんなとき、あなたが譲りたければもちろん譲ればいいのです。他人にできることはないから譲るな、ということではありません。ただそのときに、「その人のためになったか」は考えても意味がないのです。そうではなくて、「自分が譲りたかったら譲れてよかった」とか「そんな自分って素敵だ」という風に考えると、自分がいい気分になるため、波動が上がり、他人にも良い影響があるのです。

「何をするか、しないか」ではなくて、「そのときあなたがどんな気分なのか」それが大事です。 どうしても自分のことだけを考えるのに抵抗がある、そして他人のために、物理的に何かしてあげたい、そう思う方はもちろんそのようにしたらよいのですが、あくまで、「自分がそうしたいからそうするのだ」「自分が愛の波動を放つのだ」ということを忘れないでください。また、他人のために何かをする自分を思いきり好きになってあげてください。そうすると、まず自分が喜びの波動を放つことになり、その状態であれば他人へも良い影響を与えることができます。

まず、自分が喜ばないと、他人を喜ばせることはできません。自分が喜ぶことをやっていたら、他人も喜んでくれた、これが本来の順序になります。この方法以外に、真に他人の喜びとなることはできないのです。

まずは、「自分」です。自己中心的になって、喜びを追求してください。「自分の喜び」を追求し、「自分の喜び」をより多く感じることこそが、成長です。

そして自分の波動があがってくると、それは他人への愛として流れ出します。そうして、最終的には自分への愛と他人への愛のバランスが取れた最高の状態になります。

本当のエゴ

エゴとは何でしょうか？　辞書で調べたら「自我」と出てきます。また、エゴというのは、「自己中心的な思想であったり行為」であると多くの場合捉えられていると思います。エゴを捨てましょう、エゴを持つのは良くありません、エゴにとらわれないように……、このような使われ方をしていますね。

しかし、自己中心的になること、つまり自分がいい気分を保つことは、他人のためにもなります。また、あなたが自己中心的な行為、自分が心からやりたいと思った行為をして相手が気分を害しても、それはあなたの問題ではない、とみてきました。「だったらエゴを捨てなくてもいいんじゃない？」と思いますか？　実はその通りなのです。というよりは、エゴを「自己中心的な思想」という意味で捉えるとよくわからなくなってくるのです。

自己中心的になること、つまり、自分のやりたいことをとことん追求することを今まではエゴと呼んでいるケースが多かったと思いますが、それはエゴではありません。自分のやりたいことを追求するあまり、それに同調しない他人に否定的な気持ちを持ったとしたら、その否定的な部分はエゴですが。そうならない限り、自分のやりたいことをやる、これはエゴではありません。

第一章で、「すべてはひとつ」なのだということをお伝えしましたが、実は、**エゴというのは、この「ひとつのもの（＝Source・源）」から、自分という個人のように見えるものを分離させているものであり、また、そのエゴがあることによって、本当は愛しかない宇宙で、愛でないものがあると感じることができる、フィルターのようなもの**でもあります。

56ページの図をもう一度見てみてください。

この頭の上のザルが、エゴを生み出すフィルターなのです。ひとつのもの、大本《おおもと》のエネルギーからこのザルで絞り出して分離し、その絞

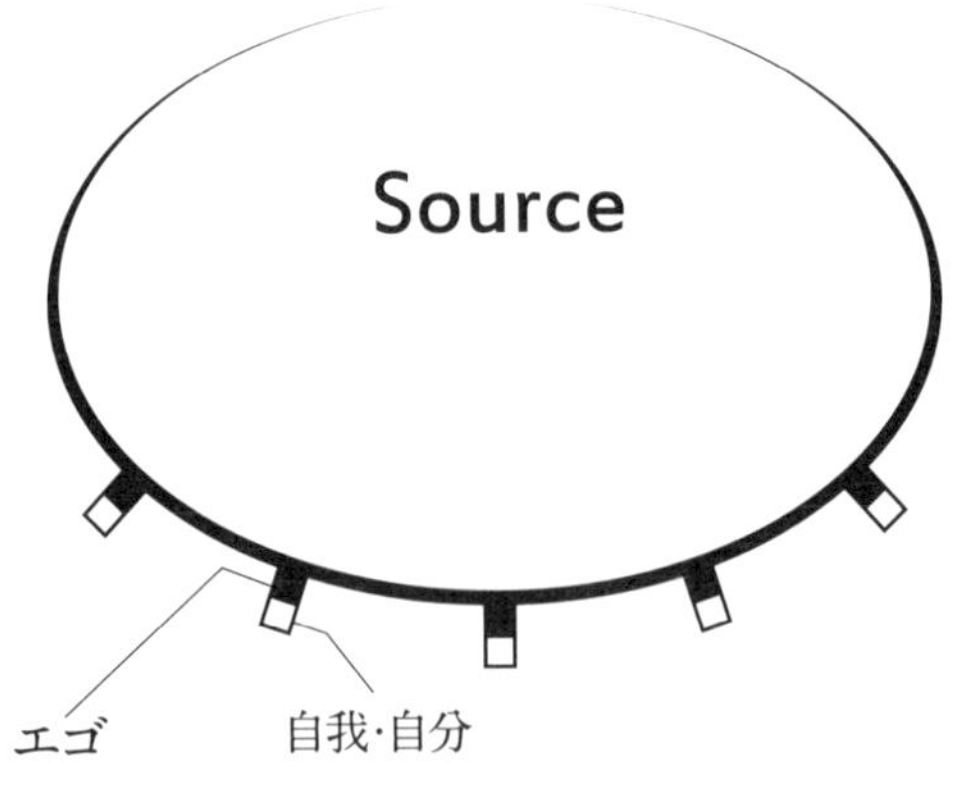

り出した側が自分だとイメージするとわかりやすいと思います。「ひとつのもの」から自分を分離させる、という意味での「自我」なのです。

人間は誰しも、生まれつきこのザル（＝エゴ）とセットで生まれてくるんですね。そして、生きている限りこのザルを外すことはできません。そして、目が詰まった状態のこのザルを通して見ると、本当は愛しかない宇宙で愛でないものがあるように見ることができるのです。

あなたが持っている、自分の夢や願望に対して「できるわけない」「叶うわけない」という思い、また、他人に対する「〇〇な人だ」という決めつけ、自分に対する「ダメだ」「価値がない」という思い込み、罪悪感・傷つけられている・怒り・心配・疑い等、ネガティブな感情に支配されているとき、これが、あなたのエゴが大活躍している状態です。この状態が本当のエゴイストなのです。これらは、エゴを通すからこそ持てるものです。**エゴがなければ、物事を否定的に見ることはできません。**

自分のやりたいことに突っ走ったらそれはエゴなんじゃないかと心配している

方、その心配のほうがエゴです。何が本当のエゴかを見極めましょう。

ちなみに、人間以外の動物や鳥たちは、このザルは持っていません。つまりエゴはありません。愛しか感知していないし、できないのですね。だから動物たちはいつも幸せです。人間も本当はいつでも幸せなのですが、動物たちは、この幸せの状態からぶれることがありません。動物たちはいつでも、ひとつのもの、完全な愛とつながっています。

そもそも愛しかないものを、愛でないように見る、これがザル（＝エゴ）の機能で、人間にしかないものです。愛でないように見ることが悪いわけではありません。愛でないものを知って、愛がよりわかるためにそうなっているのですから。

しかし、本当のところは愛しかありません。愛でないように見えるものは地球上にまだたくさんあるかもしれませんが、それらはすべて本人が望んで選んだゲームの設定です。愛を選ぶのも自由、愛でないように見た設定を楽しむのも自由です。

望む現実に焦点を当てる

最近は、facebookやTwitterでも、よく「あれは危険だから気を付けて！」「こんなことが起こっている、ひどい！」というようなものが流れてきますね。私も以前は、特に食品添加物や放射能関連について、とても敏感でした。確かにこういう情報はテレビではほとんど流れてこないので、ネットで知らせてあげなくては、という思いはよくわかります。危ないものを知ってそれを避けてほしい、そういう他人を思いやる気持ちから出ている行動だというのもよくわかります。

しかし、「自分が自分の現実を創っている」「自分がフォーカスするものが現実になる」このことを理解するようになってから、私自身は物事の危険性を訴えるのは一切やめました。物事の危険性を知ること自体はよいのです。そして、自分が嫌ならそれを避けるのも自然な行動です。しかし、嫌だから避ける、ということをずっと続けていると、その嫌なものに思考の焦点が合っていきます。思考の焦点が合っていくということは、その嫌なものを自分に引き寄せるということです。

これを防ぐにはどうしたらよいかというと、「これは嫌だから、じゃあ自分はこれがいい！」そういうものを見つけることです。それを見つけていく過程はワクワクするし楽しいですね。その過程で、自分の好きなもの、望むことに焦点が合っていくのです。

そして、他の人がどのような選択をするかは、その人に任せておけば大丈夫です。あなたが危険なものを知らせようが知らせまいが、その人は、自分に適した選択、自分の望む選択を必ずしています。これは他人を信頼することであり、宇宙を信頼することでもあります。たとえ、人にとって良いと思われる方向でも、他人をコントロールすることはできません。

何かを表現しようとするときや何かを伝えようとするとき、それは自分の望むことかどうか？　と一度考えてみてください。**自分が焦点を当てたものが現実になっていきます。自分が望まないものばかりに気を取られていると、望まないことが自分の現実の中で増大していきます。**

それでも、自分はこの危険性を訴えたい！　そう選択するのも、もちろん自由ではありますが、望む現実を引き寄せたい、そう思うのであれば望むものを見ましょう。そしてせっかく表現するなら、自分の嫌いなものではなく好きなものを表現しましょう。

出来事に意味を与えるのは、自分

あなたの見えない世界の応援団というのは、あなたの発する思考に応じて、常に何らかのメッセージを与えてくれています。あなたの身に起こる出来事には、あなたの思考と波動に関係のないものはひとつもありません。世の中には偶然はないのです。

ただ、出来事はすべてあちらの世界からのメッセージだよ、というと、出来事に対して、

「何か警告かな？」

「○○したほうがいいよってことかな？」

と、意味を探してしまいがちです。しかし、あなたは出来事に自分で意味を与

えることができます。どんな意味を与えるのも、百パーセントあなたの自由ですが、おすすめするのはもっとも「自分が気分が良くなるように」意味を与えることです。

例えば、私は以前、前を歩いている人のシャツの背中に、「Be yourself, someone else is already taken!＊」と書かれていたのを見たことがあります。なんともわかりやすいメッセージです。このとき、「あまり自分自身に正直になれていないから、もっと自分を見つめ直さなきゃ、という意味かな？」と考えることもできますが、ただ「ハイヤーさんが応援してくれてるんだ、ありがたいな」と考えることもできます。メッセージをどのように捉えるのか、それは全くの自由なのです。

あなた以外があなたの人生を創ることはありえません。いろいろな存在が、あなたのことを応援してくれていて、メッセージは常に発してくれていますが、それを、**どのように受け取るか、どのような意味を与えるのかの選択はあなたにあり**

＊アイルランドの作家　オスカー・ワイルドの言葉「自分らしくあれ。他人はすでに取られている（他人は他人だ）」

ます。決まった正解はありません。**あなたが決めたものが正解**です。そして、あなたが決めたものによって、あなたの人生が創られていきます。

意味を探すのではなく、自分で意味を与えていきましょう。

出来事を受け入れる

先ほど、ハイヤーセルフからのメッセージの一例をご紹介しましたが、このようにわかりやすくなかったとしても、いつでもメッセージは送られています。文字でのメッセージだけがメッセージではなく、あなたに起こる出来事はすべてメッセージなのです。ハイヤーセルフが、あなたの思考や望みに応じてその通りのことを現実化しようと頑張ってくれているのが、出来事として現れているのです。ですので、この出来事を受け入れていくこと、これがあなたが望む人生を送るための最短で最善の道になるのです。

出来事を受け入れるとは、嫌なことがあったり、嫌な人に嫌なことを言われても、それを我慢して受け入れよう、ということではありません。嫌な人を好きになったり、和解しなさい、ということでもありません。他人を受け入れましょうということではないのです。そうではなくて、**嫌だなと思った自分を受け入れる**のです。常に、**「自分を」受け入れる**のです（すべては高次の自分からのメッセージなのですから）。そして常に**「自分を」いい気分にする**のです。

自分が大きな視点を持ったり、ものごとのいい面をとらえていい気分になることができたり、そこから何かを学べたと感謝できたり、必要な経験だったと深いところから知覚できたとしたら、それが「出来事を受け入れた」ということになります。逆に嫌な気分に浸ったままでいると「その出来事を避けている」ということなので、繰り返しまた同じような出来事が起こります。

つまり、出来事を受け入れる、とは、「何があってもできる限りいい気分でいられる思考を自分で選択する」と全く同じことなのです。

「正しい」とか「間違っている」とか

例えば、スピリチュアルの世界ではしばしば菜食が良いということが言われます。私自身も、数年前から肉は食べません。しかし実は、菜食は「良いこと」でも「正しいこと」でもありません。確かに、菜食は動物にも環境にも人間にも優しい面はあると思います。そして自分が肉を食べないという選択しているのは、それが自分の心や身体にとって、また環境の面でも良いと思っているからに他なりません。

しかし、「自分が良いと思うからそうする」というのと、「それが絶対的に正しいことで他人もそうするべきである」というのには、天と地ほどの違いがあるのです。

以前の私には、菜食は良いことでみんなもそうなればいいな、という思いがありました。しかしそれは、菜食は環境にも動物にも健康にも良い、という大義名分を盾に、争いの種を蒔いていたようなものだったのです。

「自分が良いと思うから、自分はそうする」ここまではいいのです。むしろ、誰もがこんな風にどんどん自分を主張し、自分のやりたいことを選択してもらいたいと思います。しかしそこから一歩踏み出して、「だからあなたもこうしなさいよ」となってしまうと、それは他人をコントロールしようとしていることになります。争いの第一歩です。そのようにするのももちろん自由ですが、他人は変えられないので、それは無駄なエネルギーを消費するだけで誰にとってもいいことはありません。

動物が無闇に殺される姿や動物実験をされる姿を見たくない、という気持ちもよくわかります。しかし、動物が殺される姿を見ることなんて、普通に生活していてありませんよね？　それを例えばネット上でも見るとしたら、自分が見たいから見ていることになります。つまり、あなたが望むからそうした姿を見るのです。見たくないはずなのに自分が見ようとしている、ここには大きな矛盾があります。「あなたが」世界を創っています。「あなたが」世界の中心です。見たくないものではなくて、見たいものを見てください。自分の焦点を合わせているものが現実になります。

動物たちにエゴはありません。つまり動物たちは、愛しかない地球で、愛だけを見ることができるのです。物事を否定的に見ることはできません。動物たちはどんなときでも愛の存在です。その幸せを信じてあげるだけでよいのです。

菜食のことに限らず、「正しい」も「間違っている」もありません。どんなに正義に見えるようなことでも、すべての人に共通する「正しいこと」の定義などありません。**自分は何を選択するか、それがあるだけ**です。

判断してもよい

物事に善悪はないし、正しいことも間違っていることもない、そう言われても、誰でも瞬間的に物事を判断してしまうと思います。それはもう、自動的に。ジャッジしないようにしないと、と思っても、それは不可能です。物事に善悪はない、正しいことも間違っていることもない、というのは、「判断したらダメですよ」ということとイコールではないのです。判断したらいけない、という判断を持っていると、自分を苦しめるだけなので、判断してもかまいませんが、判断の基準を「善か悪か、正しいか間違っているか」という基準でするかぎり、あなたは望むものを引き寄せる方向へは進んでいけません。

何が正しいのか、間違っているのかではなく、自分にとって何が心地よいのか、心地よくないのか、何が好きなのか、嫌いなのかで判断しましょう。それが、あなたが心地よいもの、好きなものを引き寄せる第一歩です。

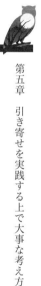

正しい、正しくないで考えていると、自分の心地よいもの、好きなものがわからなくなってしまいます。また、好き嫌いで判断するようになると、その基準は千差万別であり、人と自分が違って当たり前なんだと受け入れやすくなってきます。

あなたが嫌いなものを嫌いと判断して何の問題もありません。ただ、あなたの嫌いなその対象が、間違っているわけではありません。そこを間違っていると捉えてしまうと、その人を正しい方向へ変えよう、変えてあげなきゃという方向へ行ってしまいがちです。しかし他人は他人で、その人の望む方向へ最善の方法で道を歩んでいます。ただ、信頼しましょう。

判断はしてもよいのです。しかし、常に自分中心で考えてみてください。世の中の常識、世の中の基準というものに頼らないでください。また、霊的真理やスピリチュアル的な基準も、自分が納得できなければ従う必要は全くありません。

自分を判断の基準にすることで、あなたの心もラクになっていきますし、他人に対しても、間違っているわけじゃない、違って当たり前なんだ、という理解が進んでいきます。

宇宙は無限

この本を通じて、自分を中心に考えて、自分の喜びを追求してください、と書いてきているので、自分が自分の喜びに従って好き放題して、他の人もそうしたら、みんなが好きなだけ資源を消費してしまって、地球の環境が大変なことになってしまうのでは？　と心配になってしまう方もいるかと思います。でも忘れないでください、どんなときでも心配は、ネガティブな現実しか生み出しません。

人間は、神が創った舞台である地球を壊すことはできないのです。そして、地球は、自分自身でその波動を調整してそのバランスを保っています。ですので、自分の喜びを追求するのに、地球環境に遠慮する必要はありません。それどころか、あなたが自分の喜びを追求すればするほど、地球にとっても良い影響を与えます。

環境に配慮するな、ということではありません。「自分がそのほうが気分が良いから」環境に優しい洗剤を使う、オーガニックの食品を選ぶ、など、もちろん、自分の好きなように、気分の良いようにすればよいのです。しかしそれが「環境に良いから」という理由に置き換わってしまうと、今度は「環境にいいんだから、他の人もそうしたほうがいい」という方向へ行ってしまうんですね。ここでもあくまでも自分中心に考えて、自分の気分が良いかどうかで自分の行動を選んでください。

そして、宇宙のリソース（資源）は無限です。宇宙は、常に拡大しています。宇宙は「広がる」または「加える」ことしかできないのです。だから、あなたが資源を使ったからといって、それが減ることもないし、それが他人の分を奪うことにもならないし、地球を汚すことにもなりません。あなたが自分の望みを拡大し、多くのものを創造すればするほど、宇宙は拡大していきます。心置きなく、自分の喜びを追求してください。

被害者意識

自分が現実を創っているんだ、という理解が深まれば深まるほど、被害者意識というのは少なくなってきます。原因はすべて自分なのですから。

被害者意識というのは、持っていても本当に何もいいことがありません。「あの人がこうだから、私はこんなに不幸」「あの人がこんなことするから、私はこんなに可哀想」こんな風に思っていても、誰かから一時の同情は得られるかもしれませんが、自分が可哀想という現実を強化するだけで、さらに自分が可哀想に思えてしまうような現実がやってくるだけなのです。そして、それはあなたの本当に望んでいることではないはずです。

さらに例えば、

「政治が悪いから、私たちは幸せになれない」

「大企業が環境破壊するから、地球をなんとかしなくてはいけない（そして私も気分が悪い）」

「行きすぎた資本主義のせいで、飢餓や貧困が発生してなんとかしなくてはいけない（そして私も気分が悪い）」

「肉食や動物実験がはびこっているから、動物たちが可哀想（そして私も気分が悪い）」

「原発のせいで、環境が破壊されているからなんとかしなくてはいけない（そして私も気分が悪い）」

これらも全部被害者意識です。自分が幸せでないことや、気分が悪いのを、他人のせいにしている限り、すべて被害者意識なのです。これらの例は、あたかも正義のように思えてしまうのですが、誰かを悪者にして自分が幸せでないことの言い訳にしているだけです。

あなたは、自分の喜び、幸せには責任を負っていますが、他人や地球の幸せには責任を負っていません。あなたが環境破壊を心配するより、自分の喜びを追求したほうが、地球の波動を上げることにつながります。被害者意識から抜け出して、今ある自分の喜び、幸せを見つけて感じてください。

何があっても自分が原因

あなたの現実は百パーセントあなたが創っていますので、すべてはあなたが原因です。そのことを理解することは自分の人生を意識的に創造する第一歩ですが、自分が原因だからといって、もし、自分にとって良くない現実を引き寄せてしまった場合、こんな現実を引き寄せてしまった私ってなんてだめなんだろう……、と思う必要はありません。そこからどんな人生を創りたいのか、考えればいいだけなのです。

また、「すべてはうまくいっている」ことや、「起こったことは最善」ということを意識しすぎると、何があっても受け入れなければいけないの？　というような疑問が湧き上がってくるかもしれません。確かに、すべてはうまくいっていて、起こったことはその時点での最善のことが最善のタイミングで起こっていて、そしてすべてはあなたが原因です。しかしそれは、起こること全部、嫌なことでも受け入れなさい、ということではありません。受け入れたくないことが起きれば、ただそこから自分はどうしたいのか考えればよいのです。

つまり、何があっても自分が原因、ということは、何があっても受け入れるという受け身の姿勢で人生を見つめよう、ということではなくて、**すべては自分が原因だからどんな人生でも創っていけるという、能動的な態度で人生を生きていこう、**ということです。何があっても自分が創り出しているという意識で生きているときにこそ、「すべてはうまくいっている」「最善のことが最善のタイミングで起こっている」ということが生きてくるんですね。

　何か嫌なことがあっても「すべてはうまくいっている」んだから我慢しなきゃ、という方向へ行くのではなくて、「嫌なことがあったけど、これは自分で創り出したもの。でもすべてはうまくいっているんだから大丈夫。また、自分の心持ちを見直して、自分にとって良い現実をこれから創っていこう」という前向きな気持ちになればよいのです。

　すべては自分でこれから創っていけますので、何が起こっても大丈夫です。ただ安心して、楽しみましょう。

お金に関心を持っても、魂が汚れるわけではない

引き寄せというと、モノやカネを引き寄せるぞ、というギラギラしたイメージが浮かび、抵抗を感じる人もいると思います。私自身も長い間、お金を求めるのにとても抵抗がありました。私の経験の中で、多少なりとも途上国を見てきたこともあって、この日本に生まれただけでも素晴らしいこと、これ以上求めてどうするの？　という思いがずっとありました。また、世界を金融で支配している支配者層の存在を知り、銀行がどのようにお金を生み出しているかを知ってからは、お金を諸悪の根源だ、とまで思うようになっていました。そしてお金のない社会にも憧れました。人間の意識が進化すれば、いずれお金のない社会が実現する、と。スピリチュアルの世界に足を踏み入れた人なら、多かれ少なかれ同じような気持ちをお持ちではないでしょうか。

しかし「お金がすべてを左右する今の社会が嫌だから、お金のない社会に憧れ

る」これは現状が嫌で逃げたいと言っているのと同じです。ずっと繰り返し書いている、「気分の良くなる思考を選択する」や、「現状のいいところを見る」とは、全く反対のことなのです。

お金のない社会、そういう世界が実現すれば、それはそれで素晴らしいことだと思いますが、現状を嫌がっていては絶対にそこへは行けません。お金についても、現状のいいところを探す選択をしていくのが最良の方法なのです。つまり、お金を肯定的に捉え、お金でどんな楽しいことをするのかを考えて、いい気分になるのが現実を変える最短の方法なのです。

実際のところ、地球上で楽しもうと思えば、多少のお金は必要になってきます。多くの人がそうだと思いますが、私も楽しいことが大好きです。楽しいことが大好きなのに、お金が嫌い。以前の私は、次の図のような状態だったんですね。

これでは左右に引っ張られて、自分はどこにも行けない状態です。楽しいことが大好きで、お金が嫌いというのは、同じことを意味するものを好きであり嫌いであると言っている、矛盾する状態だったのです。
お金について、良い現実を引き寄せようと思えば、同じ方向へベクトルを向けなければ進んでいけません。私は楽しいことが大好きなので、その楽しいことをするお金が欲しい！　と素直に思えばよいのです。そうすれば、現実は楽しむ方向へ、楽しむためのお金が入ってくる方向へ動き始めます。

『どこにも行けないよ…』

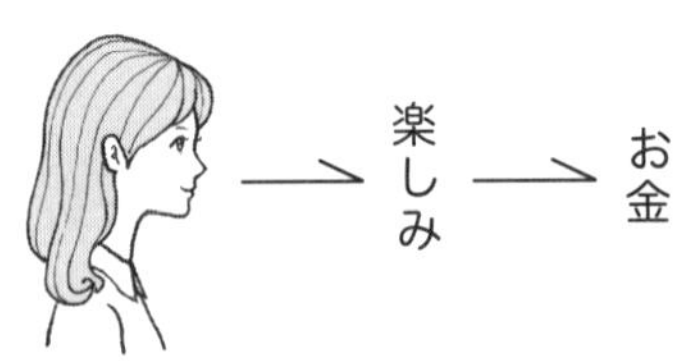

『こっちに進もう！』

お金を求めることは楽しみを求めることです。楽しむために生まれてきた人生なのですから、お金を求めるのはとても自然なことなのです。ですので、お金に関心を持っても魂が汚れるなんてことは決してありません。どこまでも、自分の好きなだけ楽しいこと（＝お金）を追求してよいのです。

このように考えると、すでにお金を持っている人に対する見方も変わってきます。お金持ちに嫉妬や偏見を抱きつつ、自分がお金持ちになることはあり得ません。それは、自分の本心からの思考に反するからです。お金持ちの方は、楽しみを追求してきた結果そうなっていると考えたらとっても素敵じゃありませんか？

そして、あなたも好きなだけ楽しみ＝お金を求めましょう。お金を好きになることが、豊かになる第一歩です。

必要なものが必要なときに与えられる

お金を求める気持ちを持っていても、それは何の問題もないどころか、素晴らしいことなのですが、もし、ただ安心したいからある程度大きな額のお金が欲しい、と思っていてもそれは実現しません。残念ながら、心の余裕や安心のため、というのは願望の理由、願望の「どうして」の部分にはならないのです。

というのも、すべてはうまくいっていて、すべては自分の思考で自分で引き寄せているわけですから、本当は、どんな人にも必要なときに必要なものは必ず与えられています。ですので、**この世界は安心が大前提**なのです。その世界で、「安心したい」というのは、願いとして意味を成さないのですね。

安心したいからお金が欲しい、ということは、現状安心できないと思っているということになります。安心しかない世界で、「安心できない」という選択をしているのは自分であって、そう思っている限り安心できない現実を引き寄せます。

豊かさを引き寄せるには、まず、必要なときに必要なものは手に入る、という目線で現実を見つめることがスタートです。安心のためのお金は入ってきませんが、自分がこの世でやりたいことや欲しいものに焦点を当ててみてください。それが実現する過程で、それに必要なお金は入ってきます。

また、この世は安心が前提なのだということが腑に落ちてくると、安心できるレベルのお金がいつもあるというような状態になるでしょう。

すべては今

誰しも、たまには過去を思い出して悲しくなってしまうことがあるかと思います。この世は、愛でないように見えることが経験できるようになっている世界なので、思い出したくないような過去が誰にでもあるでしょう。しかし、過去は過去です。過去に起こったことは変えられませんので、そのことについて考えて嫌な気持ちになっても、また自分の今の現実に嫌なことが返ってくるだけで、何もいいことがありません。

過去についての嫌なことが浮かんできたら、このことを考えても何の意味もないどころか、自分で自分の今と未来をも暗くしているだけだ、ということを思い出してください。またどんなに嫌だったことでも、そのときの最高の選択であり、経験だったのです。そして、そのときがあるから今があるのです。

そして**今がすべて**です。あなたは、あなたが今出している波動を変えさえすれば、現実を変えていけます。誰でもそのような力を持っているのです。

確かに過去に起こった出来事というのは変えられません。しかし、現在の自分を変えれば、その出来事から今受ける感じ方というのは変わってくるのです。現在を変えれば、未来はもちろんのこと過去（の感じ方）さえも変えられるのです。

ポイントは現在です。今です。そして、今を、現在を変えれば、過去も未来も変わります。今というのはそれほどの力を持っていて、そしてこの瞬間、自分の思考を変えるのは誰にでもできることなのです。

死は存在しない

スピリチュアルに興味のある方はもちろんのこと、ない方でも、死んだらどうなるのだろう？　と一度は考えたことがあるかと思います。私たちは大本《おおもと》のエネルギーが分離して出来上がっていると書きましたが、肉体が死んだら、またその状態に戻ります。肉体はなく、意識だけがある状態です。あなたの意識がなくなることは永遠にありません。

その意味で、死は存在しません。

肉体は死んでも意識はある、このことを私は証明することはできませんが、私たちは感じることができます。２１５ページで、ジョン・レノンの Imagine をご紹介しましたが、この歌を聴くとき、誰もがジョン・レノンの意識を感じると思います、彼の肉体は亡くなっているにも関わらず。これは、彼が有名人だからというわけではありません。あなたのご家族など近い方が亡くなっても、その後も意識というものを感じられる経験は多くの人がしているでしょう。

さて、死後の世界については、それは素晴らしいところです、といろいろなところで言われているかと思います。私は霊能者ではないし、あの世の記憶があるわけでもありませんので、どんなところかわかりません。しかし、あまりに「素晴らしい」「素晴らしい」と言われると、そこに早く行きたくなってしまいますよね？　私も、地球のネガティブな現実に軽い絶望を覚えていた頃というのは、早くそっちに行きたいわ、なんて憧れを持ったものです。

しかし私たちは、自分で望んでこの世界に楽しみと喜びを求めてきています。やらなくてはいけないことも、使命も、運命も、何もありません。個人で海外旅行に行くようなものです。楽しくないのに、海外旅行を計画する人はいませんね。行きたくない場所に行こうと計画する人もいません。計画は全部自分で決めるものです。そして新しい場所へ行っていろいろな新しいことを経験して、また家に帰る。

早くあっちの世界に行きたいと思うことは、楽しい海外旅行中に、早く家に帰りたいわと、ずっと家のことばかり考えているようなものです。どうですか？ つまらないでしょう？

死は存在しません。「あなた」は永遠に続きます。永遠の時間の中で、ちょっと地球に遊びに来ているとしたら、やることは楽しむことしかないでしょう！ そして、**引き寄せの法則を知り、いい気分になれる思考を選択し、意識的に人生を創造すること、それは、この世界を楽しむための最高の方法**なのです。

本当に死が存在しないことがわかれば、この世の最大の恐怖の原因がなくなることになります。そして、あなたはますますリラックスして、この世を謳歌できるようになるでしょう。

宇宙は壮大なパズル

自分の創っている現実と他人の創っている現実は絶妙に重なり合っていて、「あなたが決めたことは、相手も決めたこと」だということをみてきました。宇宙というのは、壮大なパズルのようなものなのです。

例えば、あなたが何かしようと本気で思えば、それをサポートしてくれるような人や状況が自然と現れてきます。その組み合わせというのは完璧です。何も心配することはありません。すべてはつながっています。

自分が常にワクワクに従って行動していれば、他者が怒ったり悲しんだりするのでは、という疑問を持つ人もいるかもしれません。しかしそれは、自分が楽しむことをまだ自分で許し切れていないだけなのです。自分が抵抗を持っているだけなのです。つまり、こうしたら他人が怒ってしまうかもしれない、悲しんでしまうかもしれない、と自分自身が求めてしまっているのです。その心配の思考がネガティブな現実を引き寄せているだけなんですね。

本当に心からそうしたい、そして自分はそうしていいんだ、と思えば、必ずうまくいきます。あなたのワクワクと他人のワクワクは絶対に対立しないのです。宇宙のパズルのピースは、ひとつとして同じ絵柄のものがなく、全部ちゃんとはまる場所が決まっています。誰もが自分のワクワクに従って生きていくと、ちゃんと自分のピースの場所にぴたっとはまるようになっているんです。ですので安心して、自分のワクワクを追求してください。

また、あなたが心の底からワクワクに従って行動しているときに、他人を傷つけることもありません。もし、あなたがワクワクに従って行動したときに、他者がいい顔をしない場合、それはその相手がワクワクに従って生きていない、源《ソース》と調和していない、というだけのことです。相手の問題なのです。

しかし、その相手の心配をするのではなく（心配は何も良い現実を生み出しません）、自分がワクワクに従って生きる姿を見せ、相手にも、そういう生き方をしていいんだ、というインスピレーションを与えるのが、一番うまくいく道です。

大きな愛を感じる方法

地球にも、宇宙にも本当は愛しかないのですが、そのあるはずの大きな愛をなかなか感じられない、という人もいるかもしれません。

例えば、世の中こんなに添加物だらけ、薬だらけ、企業は金儲けのことしか考えていないし、こんな世界のどこに愛があるの？　とあなたは思うかもしれません。

しかしあなたには、添加物を選ぶ自由と選ばない自由があるのです。誰も強制的にあなたを添加物漬けにしているわけではないのですね。自分の選択をする自由がいつでもあなたにはあるのです。また、添加物を作っている人たちには作る自由が、薬を作っている人たちには作る自由が、金儲けをしている人には金儲けをする自由があるのです。

そもそも、してはいけないことなんて何もありません。してはいけないことがあるなら、できないようになっています。

思考においても行動においても、何を選択することも私たちは許されているのです。好きにやっていいんだよ、と信頼されているのです。これを大きな愛と呼ばずして何と呼びましょうか？　他人の選択や、外で起こっていることを気にするから、愛ではないものがあるように見えるだけなんですね。

自分には何をも選択できる自由が与えられているんだ、何を選択するのも許されているんだ、と考えれば、本当に大きな愛をいつでも感じることができます。

私も以前は「支配者層が悪の限りを尽くしている地球には愛がない、ヤツらがいなくなったら愛の星になる」とか「肉食がはびこっているこの地球には愛がない、菜食が広がれば地球は愛の星になる」などと、外の世界を変えようと一生懸命だったのですが、今考えると、それは誰にも侵害できない個人の選択の自由の領域に踏み込もうとしていたのだな、と思います。そしてこれは、自分が愛が感じられないのを他人のせいにしている状態だったのです。

そんなことをしなくても、**自分の見方を変えるだけで、地球にあふれる愛を実感**

できるのです。あなたは何を選択してもいいよ、といつもいつも言われているのですから。

もしあなたが、自分は愛に基づいて生きると決めたなら、自分が愛を選択すればよい＝何をも許されている――「自由」に愛を感じればよいだけであって、そこに他人の選択は関係ありません。私たちはいつでも、自由な選択が許されており、そして好きにやっていいんだよと信頼され、大きな大きな愛に包まれているのです。**もしあなたが今、愛が欲しければ、ただ、愛がそこにあることに気づけばよい**だけです。**愛されたいなら、ただ、愛されていることに気づけばよい**だけなのです。そして、その愛に気づいていけば、もっともっと愛を感じる現実を引き寄せていくことになるでしょう。

他人は喜びを分かち合うために存在している

今この時点で、すべては完璧です。

私たちは、ともすると良い状態や愛の状態、理想とする状態があって、そこを目指そうとします。そしてそれはもちろん悪いことではないのですが、現状でもすでに完璧です。

今を楽しみながら、さらに望む方向を目指そうとするのはよいのです。それは、自分の思考で自分の世界を創造するということですから。ただ、他人は今この時点ですべて完璧で、何も変わる必要がないんだという視点を持ってみてください。受け入れる必要や同意する必要はありません。ただ、その人の自由な選択を認めてあげるのです。そうすると、他人がどうあるべきだ、こうして欲しい、という発想は徐々に少なくなっていきます。私たちは、何を選択してもよい、という大きな大きな神の愛と信頼で常に包まれていて、それは自分でも他人でも誰でもそうなのです。誰の自由意志をも認める、言い換えると、基本的に他人は放っておく、というのが、神＝愛に一番近い態度なのです。

そうすると、他人は何のために存在するの？　と思ってしまうかもしれませんが、それは、「喜びや楽しみを分かち合うため」に存在しています。神様も、あなたが楽しんだり喜んだりしているのを見ると嬉しいのです。苦しんだらいけないということではないのですが、苦しむ必要は本来ないのです。

もし、あなたが喜びや楽しみを分かち合える相手に出会ったのならそうしてください。そうでなければ、ただ認める＝放っておく。そうすることで、あなたの現実には、どんどん楽しみや喜びの割合が増えていきます。

引き寄せを一発で信じる方法

この本を手にとっている皆さんは、引き寄せの法則について多かれ少なかれ興味があるから読んでくださっていると思うのですが、それでも、思考が自分の現実を百パーセント創っているなんて信じられない、という方も多いと思います。

信じられなければそれでいいんです。引き寄せなんて信じなければ実感することはありません。でも、自分が引き寄せを信じていない　↓　引き寄せの法則が働かないと感じる、というこの時点で、あなたの思考は見事に現実化しているのです。逆に、引き寄せの法則を信じている人は、引き寄せの法則自体もあなたの思考が創っているということになります。引き寄せを信じているから　↓　引き寄せの法則が働く。つまり、すごいのは「引き寄せの法則」ではなくて、あなた自身なのです！　あなたは本当にすごいのです。神と同じ創造力を持ち、現実のすべてを創り出しているのですから。

引き寄せを信じられない、という人はもちろんそのままでかまいません。無理に信じる必要は全くありません。しかし信じたいけどいまいち信じられない、という方のために、引き寄せの法則を一発で信じる方法があります。

人間は、良いことを考えたら良いことが起こるよ、といわれても、なかなか良いことばかり考えられません。これまでの経験が邪魔をしてしまうからです。なかには楽天家で、楽しいことばかり考えることができる人もいますが、多くの人はどちらかというと悲観的です。嫌なことを考えるほうが得意な人が多いのです。この性質を利用して、今から二、三週間、嫌なことばっかり考えてみてください。心配したり、不満を持ったり、怒ったり、最悪のケースばかり考えてみるんです。

そうしたら何が起こるでしょうか？　間違いなく、人生で最悪のときを過ごすことになるでしょう。はっきり言って、私にはどんなことが起こるのかわかるので、恐ろしくてそんなことはできません。ですから、おすすめはできませんが、この経験により「引き寄せって本当なんだ」ということはわかるでしょう。ただし、どんなひどいことが起こるか、私は責任は持てないので自己責任のもとでお願いします。

とまあ、これは冗談ですが、悪いことばかり考えたら悪いことが起こりそうだな、というのは、これを読んだだけでも感じて頂けたのではないでしょうか？　もしそれに納得できたら、やはり悪いことではなくて、自分の好きなこと、望むこと、気持ちいいことを意識して考えてみましょう。断然、そちらをおすすめします。

愛の反対は自己否定

愛の反対は憎しみ
愛の反対は支配
愛の反対は無関心

いろいろな愛の反対語がありますね。どれが正しくてどれが間違っているということはありません。

引き寄せ、つまり自分が自分の現実を創っているという観点から見ると、もっとも良くないことは、自分を否定することです。自分自身に対してダメだとか、これではいけないのではないか、とか、価値がないと感じる感情。そのような自己否定からは、否定的な現実しか生まれないからです。自己を否定することは、現実のすべてを否定することと同じなのです。

愛というと他人に与えなくてはいけないもの、と思いがちですが、これまでみてきましたように、自分が幸せになることが、他人へできる最高のことです。また、本当のところはすべてはひとつなので、自分しかいないのです。だから、愛も本当は自分にしか与えることができないし、自分に愛を与えることがすべてに愛を与えることになるのです。ですので、引き寄せの観点から見ると、「**愛の反対は自己否定**」という言葉が一番ぴったりくると思います。

自分というのは、すべてを創り出している、本当に素晴らしい存在です。自分を信じて、自分のやりたいことに前向きに取り組めば、必ず道は拓けてきます。そして、それこそが、他人にも地球にも良い影響を与えるのです。

常に自分を肯定してよいのです。**自己肯定こそが愛**です。それをいつでも自分に許してあげてください。

この本を通じて、いろいろな引き寄せの方法を紹介してきましたが、もし、それができないときでも、そんな自分も丸ごと肯定してあげてください。人間たまには落ち込むこともあるさ、最初はできなくっても当たり前、少しずつで大丈夫だよ、と。そうして、丸ごと自分を肯定してあげれば、最後には、あなたの心はラクになっています。そう、いい気分になって、良い現実を創造しているのです。

信じる力

信じる、というと宗教を連想して、日本人の場合抵抗を感じる人も多いかもしれません。しかし引き寄せにおいては、結局のところこの「信じる力」がすべてなのです。**どれだけ信じられるかにかかっている**、といっても過言ではありません。何か特定のもの、外のものを信じなさい、と言っているわけではありません。そうではなく、ただ、「自分」を信じてください。思考と波動による創造の力を持っている自分、そして、その創造を手助けしてくれる宇宙を信じるだけです。

私もそうでしたが、最初から強く信じることは難しいと思います。しかし、いい気分でいられる思考を選択する、ということを続けていると、本当にそれが現実に反映されていくため、徐々に自分の持っている創造の力を信じることができるようになってくるでしょう。自分に無理のないペースでかまいませんので、少しずつでも信じる力を上げていってください。

この本を含め、引き寄せや願望実現のテクニックについては、それはもう様々な、そして膨大な数の情報があります。そして、どれが一番効果があるのか、それを探してしまいがちです。しかし、**どんなに素晴らしいテクニックを求めても、この「信じる力」が欠如していては何の意味もありません**。逆に、どんな方法でやっても、また例えば、引き寄せの法則なんて全く知らなくても、自分自身と宇宙を信じていれば、必ず望む人生を、そして充実した素晴らしい人生を歩んでいけるのです。

実際のところ、「誰にとっても一番効果のある方法」というのは存在しません。それぞれに合ったやり方が存在するのみです。この本で紹介しましたやり方の中に、あなたに合ったやり方がありましたら、ぜひ、それを実践してみてください。そして、自分と宇宙を信じてください。繰り返しになりますが、**実践しなければ何も変わりません。その代わり、ある程度の期間続けて実践すれば、必ず現実に反映されてきます。**

そして、自分の人生を自分で創る、という最高の体験をひとりでも多くの人にして頂ければ、これほど嬉しいことはありません。

第六章　引き寄せの法則　実践活用編

恋人が欲しいのですが

恋人が欲しいという願いですが、恋人が欲しいと思い詰めてしまうと、恋人がいない、という現状の自分の思考と不足感を強化することになって、そちらが現実化してしまいます。恋人がいれば、恋人が欲しいとは思いません。いないから、欲しいと思うのです。ですので、「恋人が欲しい」ということに捉われるのは、「私は恋人がいない」と宇宙に発信しているのと同じなので、それが現実になってしまうのです。

恋人が欲しい場合は、まず、自分がどんな彼女（または彼氏）になりたいのか、それを想像して味わいましょう。相手は関係ありません。自分がどうしたいのか、ということです。恋人がいれば、〇〇してあげたい。一緒に〇〇へ行きたい。一緒にこんなことしたい。こんな風に、「恋人がいる自分」というのを思考の中へ持ってきましょう。そして「欲しい、欲しい」と求める波動を出すのではなく、単純に「恋人がいたらなんて素敵だろう」という温かい波動を出してみてください。そして、恋人がいたら感じるであろう、「楽しさ」「愛されている」「前向き」といった感情を想像の中で味わいましょう。

自分の望みを宇宙に放ったら、あとは自分がやりたいことをやっていれば大丈夫です。趣味でも仕事でも何でもいいのです。やりたいことを始めれば、交友関係も広がりますし、楽しく活動していれば、自分が輝いてきますので、その過程で、素敵なパートナーが現れることと思います。これが恋人を作る一番の近道です。恋人が欲しい、ということは一旦忘れて、自分の好きなことを楽しくやって、自分を好きになって自分へ愛とエネルギーを注いでください。

自分でまず自分を愛したり、楽しくしたり、前向きにしたりすることが必要なのです。そうして自分を輝かせていれば、自ずとそんな素敵なあなたに好意を持つ人が現れます。現状恋人がいようがいまいが、とにかく、ザルの目をできるだけいっぱいに開いて日々を生きていくことです。そして男性は男性としての自分、女性は女性としての自分を認め、好きになることが大事です。そうすれば、必ず出会うべく人に出会い、その人だとわかります。そしてスムーズにことが運ぶでしょう。

また、特定の誰かに恋人になってほしいという場合もあるかと思います。しかし、「〇〇さんに自分のことを好きになってもらいたい」というのは、他人にどうこうしてほしいと言っているわけで、これは、叶わない望みです。

誰かを好きになるな、ということではありません。誰かを好きになり、その人のことを考えるのは、自分の望むものを見るということですので、望む現実の引き寄せにつながります。好きな人は好きだ、と思いっきり叫んでみましょう。そして、好きな人を好きだと叫べる、その幸せを感じてください。その幸せが、あなたに幸せをもたらします。

ただそこから、その人にどうこうしてほしいと思い始めると、それは他人への要望であり、またその人でなくてはだめだ、となってしまうと、それは執着になってしまいます。

そうではなくて、その人が素敵だな、とか、その人が幸せであればいいなと考えてみてください。それはあなたがその人へ愛を与えている状態です。あなたが愛を与えると、現実に愛がちゃんと返ってきます。

お金が欲しいのですが

お金が欲しいとはいっても、本当にお金という紙が欲しいんだ、それさえあったら、それが何かと交換できなくても幸せなんだという人はあまりいないでしょう。お金が最終地点ではなくて、お金が欲しい、のその先には必ず自分の本当に欲しい何か、物や経験があるはずです。ですので「お金が欲しい」だけでは願いが完成していないのです。必ず、「どうして」お金が欲しいのか、そこをきちんと考えて宇宙に望みを放ってください。

また、どのくらいお金が欲しいかを考える際には、単にこれくらいの金額が欲しい、ではなく、こうなったら自分は幸せだから、楽しいから　→　それにはこれくらいのお金がいる、この順序で考えてみてください。そうすると、多くの人は自分の欲しいものや経験と、欲しいと思っていたお金の額が釣り合っていなかったということに気がつくでしょう。大抵の人は、それほどお金がかかる望みを持っていないにもかかわらず、大きな額のお金を望んでいるのです（家や車はある程度大きな額にはなりますが、これも、実際のところは現金がなくとも貸してくれる銀行があれば手に入ってしまいます）。これでは、大きな額のお金が入ってくるはずはありません。現実は、あなたの望みに比例して創られるからです。

現状を見てください。自分の欲しいものや経験で、自分が実現可能と考えているものと、あなたに入ってきて、そして出ていくお金の額は、必ず釣り合っているのです。ですから、「自分の欲しいものや経験で、自分が実現可能と考えているもの」これを大きくしていけば、それにつれて、出入りするお金の額も増えていきます。

何事も無理だと考えず自分の望みに素直になって、お金がないからできないと考えるのではなく、お金がなくともなんとかなるかもしれないな、と気楽に考えましょう（実際のところ、お金がなくとも宇宙は必ずサポートしてくれるのですから）。そして、お金に関する抵抗をなくし、お金を望んだり、お金を受け取ったりすることを自分に許すことができれば、入ってくるお金は自然と増えていくことが、多々あります。ただし、思考を強化して豊かさに関する波動を活性化しても、必ずお金が入ってくる、というわけではありません。あなたが欲しいそのものが、お金を介さずに直接手に入ることもあるからです。私も、自分はお金を全く使っていないのに、望むものを手に入れた、という経験を何度かしています。

お金が欲しい、と思うことは楽しみが欲しい、と言っているのと同じですので、とても素晴らしいことです。ただ、お金のその先にある、本当に自分の欲しいもの、自分が本当にしたいこと、そのことを考えることのほうが何倍も重要です。そうすることで不足感の波動は減少し、望みに焦点が合ってきます。あなたの本当の望みをじっくりと考えてみましょう。そして、日々の生活の中で豊かさを感じることを続けていきましょう。

結局のところ、引き寄せで必ず大きな額のお金が入ってくるとは言い切れませんが、必ず自分の欲しいもの、したいこと、というのはお金があろうがなかろうが、自分で無理だと思わない限り達成されます。この心境になれたとき、あなたのお金に関する悩みというのはなくなっているでしょう。

パートナーの浮気に悩んでいるのですが

世間の常識から考えると「浮気は悪いことだ」と思うかもしれません。そして、浮気された自分はこんなに可哀想で、被害者なんだと。

しかし、自分はどうしたいのか、どうなりたいのか考えてみてください。あなたは、幸せになりたいと思っているはずです。この本でずっと書いてきましたが、あなたの思考と波動があなたの現実を創るのです。あなたが、自分を可哀想で、被害者だと思っている状況からは、絶対に幸せはやってこないのです。**浮気をしたパートナーが悪で、自分は被害者、そう考えるのは簡単ですが、その思考からはあなたにとっていいことは何も生まれてきません。**

では、この状況を変えるには、そして幸せになるにはどうしたらいいのでしょうか？

もしあなたが、これからもそのパートナーと一緒にやっていきたいと思うのであれば、このように考えてみてください。浮気をしたパートナーは、ただ、愛を広げただけだと。あなたへの愛はそのままに、その愛を1.5倍くらいに広げただけなのです。あなたへの愛は何も変わっていません。あなたは愛されているのです。

既婚者の場合、結婚したらひとりの人を愛さなくてはいけない、そのように思う人も多いでしょう。常識的にはそうかもしれません。しかし、もしパートナーが浮気をしたという現実に直面したときにこの観念を持ち続けていても、あなたにとっていいことは全くありません。

逆にあなたが、どうしても浮気を受け入れられず、そのパートナーから離れるという決心をするならば、別れて新しい道を前向きに選択するということももちろんできます。自分を愛するという観点から考えると、自分を大切にせず傷つけるパートナーには、「私を大切にしてくれないならあなたは必要ありません」という意志を告げることも大事です。

パートナーが浮気をした場合、**あなたにできるのは、自分がどうしたいか、それを考えることだけ**です。ここで、自分はどうしたいか、と問いかけたときに、「パートナーに浮気をやめさせたい」という答えが出てくる人が多いかと思いますがそれは叶いません。それは、自分がどうしたいかではなくて、他人をどうさせたいか、です。自分の願望ではなく、他人への要望なのです。その部分は自分ではどうにもならないので、考えても無意味なのです。あなたが考えるべきは、パートナーが浮気をした事実を前に、自分はどうしたいのか、というところです。

先ほどのように、愛が広がっただけと考えて、これからもパートナーとやっていくという選択をすることもできます。または、自分は浮気をするパートナーは望まないから、自分を信じて新しい道を選択することもできます。よく、子供がいるから離婚できない、などということも聞きますが、それは関係ありません。子供にとって何がよいのかあなたにはわかりませんし、その時点で判断がつくものではありません。

どんな問題でも、誰も悪くありません。浮気したパートナーが悪いわけでも、浮気をされたあなたが悪いわけでもありません。その問題に対して、自分がどうしたいか、その選択があるだけです。そして**被害者意識から抜け出さない限り、どの道を選択してもうまくいきません。しかし被害者意識から抜け出せれば、どの道を**

選択してもうまくいきます。

我慢するのではなく、「本当に自分を大切にする」選択をしてください。あなたが自分を大事にし愛するようにすれば、浮気に悩まされることはなくなるでしょう。なぜ、こうなってしまったかを考えても意味がありません。大切なのはこれから、自分はどうしたいかです。**幸せになりたいなら、まず、自分が幸せになるしかない**のです。

健康になりたいのですが

あなたの健康もあなたの思考と波動次第ということになります。健康には食生活が密接に関係していますが、健康も思考と波動が創っているとすれば、何を食べるかではなくて、どんな考えで、どんな気持ちで食べるかということが、大事になってくるわけですね。

しかしやはり、「身体にいい食べ物」「身体に悪い食べ物」というのは存在しますよね。私もそれは存在すると思います。確かに、ファーストフードや甘いものばかり食べていたら簡単に病気になったり、風邪をひきやすくなるかもしれません。アルコールを過剰に飲めば体を壊します。

しかし逆に、健康に相当気を使って身体に良い食べ物しか食べない人でも、病気になることってありますよね？　それはどうしてでしょうか？

やはり、身体にいいものを食べるから健康になる、というわけではないのです。逆なのです。自分が健康だと思うから、自分の身体にあったものを欲するようになるんですね。ですので、病気が怖い怖いと思いながら、健康食マニアのような状態になっても、「怖い病気」というのに自分がフォーカスしている限り、病気を引き寄せてしまいます。しかし、病気を心配するのではなくて、与えられた肉体のありがたさを感じ、毎日を丁寧に快活に生きるようにすると、自然と自分の体に良くない食べ物からは遠ざかるようになるんですね。そして結果的に、健康を引き寄せることになるのです。

自分の現実はすべて自分が創っていますので、病気も自分で引き寄せていることになりますが、そう聞くと、いや、病気を望む人なんていないでしょ、と思う方も多いでしょう。もちろん病気になりたい人なんていません。しかし、病気のことを直接的に考えていなくとも、強いストレスを長期間感じていたり、ネガティブな思考に長期間自分が支配されていれば、それはネガティブな現実を引き寄せるという結果になるため、病気という形で現実になることが多々あるのです。

やはり、「**病は気から**」なのです。このように、病気も自分のネガティブな思考で引き寄せているんですね。病気は外から来るのではないのです。感染症はどうなの？　という疑問を持つかもしれませんが、病原菌は常にうようよしています。しかし、その菌をもらって病気になるかどうかは、自分次第です。職場で誰かが風邪をひいていても、全員にうつるわけではないのです。

ですので、**病気から遠ざかる一番の方法は、やはりこれも、いい気分でいる、いい気分でいられる思考の選択を続ける**、ということなのです。人間ですから、いつも完璧にポジティブな状態を保つことはできず、たまには少し体調を崩すこともあるかもしれませんが、それは当たり前のことだと気楽にいきましょう。

原発や放射能が気になるのですが

いろいろな議論があるかとは思いますが、原発や放射能そのものは善でも悪でもありません。あなたが、原発を善と思うか悪と思うか、そして原発を望むか望まないか、あなたの判断があるだけです。

とある教授が、「笑っていれば放射能は来ません」と言ったとか言わないとかで、これを聞いた当時の私は、放射能が身体に良いわけはない、無茶なことを言う無責任な人もいるもんだ、と思っていました。しかし、自分の思考と波動が自分の現実を創ると知った今は、「笑っていれば大丈夫だ」と私も思います。

ただ、本当に笑っていられる人はよいのです。本当に気にしないで笑っていることができる人は、病気を遠ざけます。しかし、人間ですので放射能が怖いという気持ちもあって当たり前です。そして、避難したほうが自分がいい気分でいられる、と思うのであれば、もちろん避難をすることもよいと思います。**何をするかしないか、ではなく、自分がどんな気分なのか、どんな気分を選択することができるのか、そこが大事なのです。**避難する場合も「放射能が怖いから」避難するのではなくて、「そのほうが自分が気分が良いから」避難することをおすすめします。そうすれば、新天地で新しい道が拓かれていくことでしょう。また、食品に気をつけるか、気をつけないかも自分次第です。自分がどちらが気分が良いかで決めましょう。

一番、益のないのは、避難する・しないや、食品に気をつける・気をつけない、で親族・友人・知人間でもめることです。正解はないのです。正解は自分で決められますし、一人ひとりによって異なるのです。

また各地で原発反対デモが行われていますが、もしあなたが原発を望まず、こうしたデモに参加したいと思ったとします。しかしあなたが、原発反対！ と原発に焦点を当て続ける限り、原発はなくなりません。

私は、原発を望まないのではなくて、美しい地球を望んでいます。地球は今でも十分美しいですが、その美しさに磨きをかけてほしいと思っています。もし、デモに参加するのであれば、「美しい地球をそのままに！」とか「フリーエネルギーの導入を！」というようなスローガンで参加したいと思います。デモに参加する・しないではなくて、どんな考えで、何に焦点を当てて、どんな気持ちで参加するのか（またはしないのか）が、大事です。

原発でさえも、あなたが焦点を当てなければ、あなたの現実には影響しません。

フリーエネルギーなどの、新しい技術がどんどん開発されています。**原発に目を向けるのではなく、そうした新しい技術に目を向けてみましょう。希望はたくさんあります。あなたが目を向けたものが、あなたの現実を創ります。**

痩せたい、ダイエットに成功したいのですが

痩せたい、ということに関しても、これも何をするか・しないか、何を食べるか・食べないかではありません。痩せたいと思っている時点で、自分は太っている（少なくとも痩せてはいない）と思っていることになり、その思考が現実になっています。

もちろん、適正な運動や食生活が適正な体重を作ることは間違いがありません。

しかし、自分の思考を意識せずに、例えば食事制限をしてダイエットをしても、一時的には痩せられるかもしれませんが、結局リバウンドを繰り返すことになりかねません。

今すぐに、いきなり体重を落とすことはできませんが、今すぐに、自分の思考に注意を払い、それを望むものへ向けるということはできます。痩せたい＝今の体型が望みではない、と思っている限り、それが現実になりますので、痩せたいという思いは一旦置いておいて、自分の身体の中で、好きだと思う部分を見るようにしてみてください。

例

「少し体重はオーバーしているかもしれないけど、私の身体のこの部分は素敵だわ」

「少し体重はオーバーしているかもしれないけど、この服を着ている私は素敵だわ」

このような感じで、少しでかまいませんので、自分をいい気分にしてください。

そして、「今の自分も悪くないけど、こんな感じだったらもっと素敵」だと素直にどんな自分になりたいのか、望んでみましょう。そうすると、そんな自分になるのに適した、食べ物や運動の情報が入ってきます。それにピンと直感が働いたら、そのとおりにしていけば、理想の自分が手に入ります。

痩せようと必死に何かをするのではなく、過程を楽しんでいると、ちゃんと理想の自分になれるのです。

そして、恋人が欲しい場合と同じですが、体型のことは忘れて、他の自分の好きなことに集中するのもいいことです。できるだけいい気分を保っていれば、体重もあなたにとってちょうどよい健康的なものへと近づいていき、そこで落ち着くのです。**痩せたいと意識するのではなく、ちょうどよい体重に自然となる、そのように考えましょう。**とにかく、自分がいい気分を保つことが大事です。いい気分、つまり満たされた気分でいれば、不足感から大量の食べ物を求めたり、甘いものを求めたり、ということが減ってくるはずです。

結局のところ、食べる・食べないではなくて、その元にある何らかの不足感やイライラが原因になっているのです。不足感、つまり嫌な気分から食べ物を求めて食べていれば、それは当然、自分にとって嫌な現実をもたらします。食べるときは美味しく食べると決めて、楽しんで食べてしまうのが得策です。

職場に不満があるのですが

周りの人や状況は、「あなたの思考の鏡」です。あなたが職場に不満を持っていれば、その職場はずっとあなたに不満を感じさせるような現実を見せてくれるでしょう。

あなたが職場に不満を持つ　↓　不満を感じるような出来事が起こる　↓　また職場に不満を持つ　↓　さらに、不満を感じるような出来事が起こる　↓　ますます職場に不満を持つ、以下、延々とループしてしまうのです。これは、どこかに始まりがあって終わりがあるのではなく、まさしくループなのです。そうなってしまった原因や理由を考えても意味はありません。

このループから抜け出すには、方法はひとつしかありません。現実の大本《おおもと》であるあなたの思考を変えていくのです。

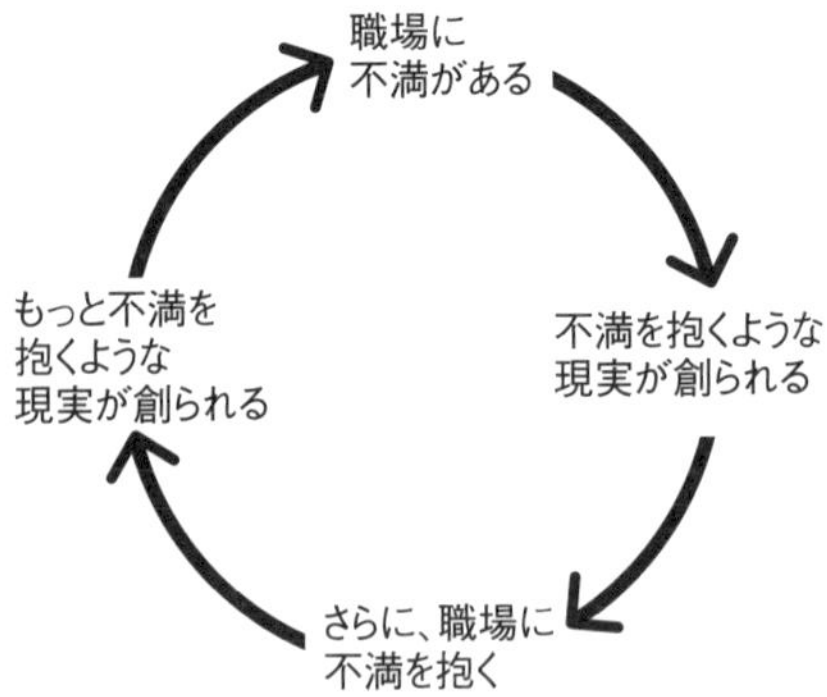
職場に
不満がある
不満を抱くような
現実が創られる
さらに、職場に
不満を抱く
もっと不満を
抱くような
現実が創られる

会社や仕事について、自分が思える範囲で少しでも良いと思える部分を探して、書き出してみましょう。

例

・不満もあるけど、この仕事のこんな部分が私は好きだ。

・人間関係に悩みはあるけれど、会社の福利厚生はしっかりしているな。

・この仕事はもう慣れているし、私はうまくこなせているな。

・通勤途中に見える景色が好きだ。

・この仕事のおかげで、経済的に私は私の望む生活ができている。

思いついたら、どんどん書き足してください。そして、毎日読み返してみましょう。しばらくすると（人によりますが、二週間〜一ヶ月くらい）、あれほど会

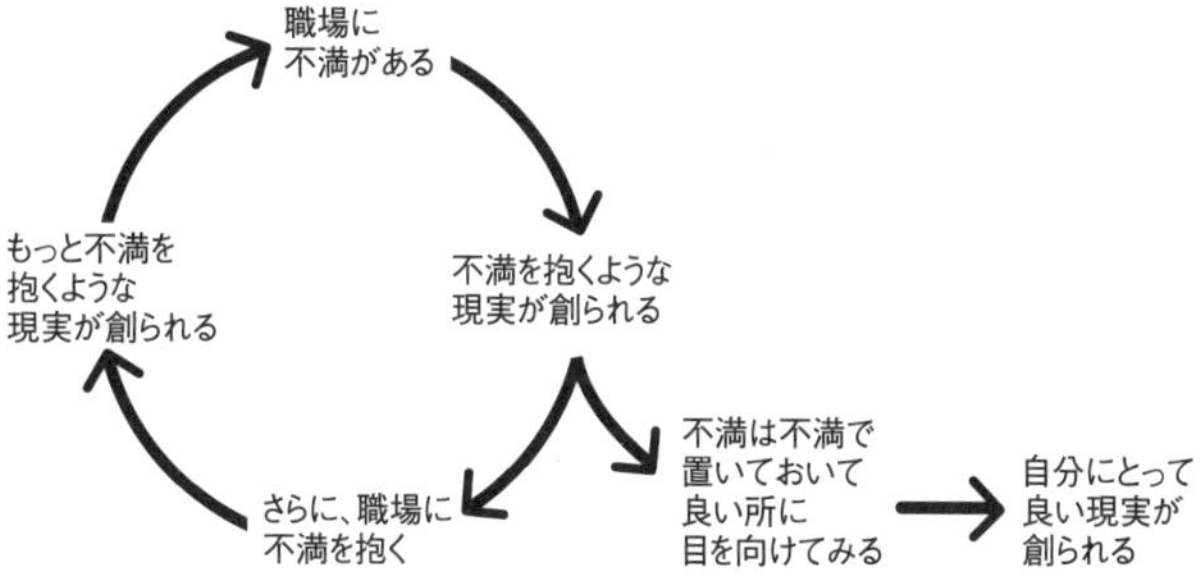

職場に
不満がある
不満を抱くような
現実が創られる
さらに、職場に
不満を抱く
もっと不満を
抱くような
現実が創られる
不満は不満で
置いておいて
良い所に
目を向けてみる
自分にとって
良い現実が
創られる

社が嫌だったのに、うちの職場もまんざらでもないなあ、と思えるようになります。そうなったとき、現実はもう変化しています。自分でもはっきりわかる変化が起こります。とにかく、**不満以外のところに思考を向けるのが、このループから抜け出す唯一の方法**なのです。今の現実を創っているのは、あなたの思いのみなのです。その思いを少しずつでも変えていけば、現実は変わっていきます。

また、職場の人間関係に不満がある場合、例えば、反抗的な部下に頭を悩ませていたとします。そのときも同じように、その人の少しでも良いと思えるところを探しましょう。

例

- **私には反抗的だけど、この仕事は任せられるな。**
- **私には反抗的だけど、時間はきっちり守るな。**
- **私には反抗的だけど、服のセンスはいいな。**

・この人は、私の思考をチェックするためのよい練習台になってくれている。

また、他人については、「他人はあるがままでよい」と心の底から思えるようになると、状況は必ず変わってきます。いくら部下が反抗的であろうとも、それが「悪い」わけではないんです。あなたがそれを「嫌だな」と感じているというだけです。そしてそのように感じているあなたも「悪い」わけではありません。ただし、その嫌な気分をいつまでも味わいたいなら別ですが、そうでないなら、**現実を変えるために変わるべきはその他人ではなく自分**になります。その嫌な部分を無理に好きになりなさい、ということではありません。そうではなくて、どんな部分だったら好きなのか、また、どんな人間関係を自分は望むのか、そのことを考えてみてください。

どんなことでもそうですが、自分が望まないこと（不満のある職場や部下が反抗的であること等）を強く考えつつ、自分が望むものを手に入れることは絶対にできません。自分が望むことに目を向け、そのことを考えましょう。外の世界は、自分の思考の写し鏡です。自分を変えていけば、必ず、外の世界も変わっていきますので、ぜひ実践してみてください。

親子関係を改善したいのですが

親はこの世に生まれたときから一番近くにいる存在だからこそ、悩みの種になることも多々あります。しかし、まず知ってもらいたいのは、今回の人生で自分がやりたいこと、経験したいことをするために最適な両親というのを、間違いなく自分で選んで生まれてきているということです。

もし、あなたが親の過干渉に悩んでいる場合、過干渉な両親を持って、その子供になるという経験をして、こんな育てられ方は嫌だな、ということを学んだ、それだけなのです。良いも悪いもありません。逆にもし、放任タイプの親に育てられると、「もっと構ってほしかった」というような不満が湧いてくるかもしれません。どちらが良いということはないんです。

自分の両親の育て方が好きになれなかったとしても、両親のおかげで、自分の希望がはっきりしたこと、それに感謝できるとよいですね。今度は自分が親になったときに、自分が良いと思う子育てができるわけです。

子供時代というのは、通常物理的に親から逃げることはできません。しかし、どんなに子供時代にひどい目にあったとしても、今から変われない、そんなことは全くないのです。今からでもいつからでも変われます。喜びの人生へと方向転換することはどんな状態からでもできるのです。

若い頃をダメにされたと親を恨み続けることもできるし、こんな親は嫌だ、と学べたことを感謝することもできる、それは自分次第です。**恨みを選択すれば、これからの未来も誰かを恨みたくなるような現実が返ってきます。そして、感謝でき**

れば、これからは感謝できるような現実が返ってきます。どちらが良いか、いつでも自分で選択できるのです。

子育てに迷いがあるのですが

私にも子供がいますが、子育てというのはやはり一筋縄ではいきませんね。そして世の中には、本当にいろいろな子育て法があります。私も、あっちに手を出し、こっちに手を出し、してきたものです。

子育てに関しても、もちろん正解はありません。どれがいいということはないのです。自分がこれがいいな、これが合ってるな、と思ったものが自分にとっての正解です。好きなようにやりましょう。

　そして、違う方法をとっている人を見ても、比べないこと、批判しないこと、おせっかいを焼かないことです。これは、自分をポジティブに保つ秘訣でもあります。「正しい方法」というのは存在しません。もし、「これが正しい方法」と決めてしまえば、その方法をとっていない人を見るたびに自分が嫌な気分になります。そうして嫌な気分になれば、自分にとっていいことはひとつもありません。百人いれば、百通りの子育てがあります。**「良い子育て」「悪い子育て」なんてものはないので、「自分の子育て」に専念しましょう。**

　さて、いろいろな子育て法があれど、親なら多かれ少なかれ、「子供のためにいいことをしてあげたい」という思いを持っていると思いますが、「子供にとっていいこと」とは具体的に何なのか、ということは、私もなかなかわかりませんでした。

　引き寄せを深く理解するにつれ、子供にとっていいことというのは、子供が子供自身、自分が現実を創っていける力を持っているんだ、ということを本人が自覚していけるようにしてあげることだと思うようになりました。それさえ教えれば、あとは子供が自分で自分の人生を創っていけるのですから。

そうしたことを、直接教えるのもよいと思いますし、一番はやはり親がその手本となって示すことです。それには、親自身がポジティブな気持ちで日々を生きていく姿勢、常にいい気分を選択する姿勢を見せてあげることですね。本当は、大人より子供のほうが望む現実を創るのは上手なのです。子供は引き寄せの達人です。その力を忘れないような環境を創ってあげたいな、と思います。

小さい子供であれば、

・何かを選ぶときは、時間がかかっても自分の一番好きなものを選ばせる。

・「あれはダメ、これはダメ」ということはなるべく言わない。

・年齢的に見て、どうしても無理そうなことがあれば、「できないよ」ではなくて「もう少し大きくなったらできるよ」と声をかける。

・何かを欲しがったら「どうして欲しいの？」と聞いてみる。

・自己肯定感を持てるように褒める、または認める。

・親が選ばないで、自分で選んだ好きな習いごとをさせる。

・「風邪ひくよ」というような言葉は使わず、「元気だね！」と声をかける。

このように、物事をできるだけ自分で選ぶことができるように、そして自己肯定感を持てるようにサポートしてあげることができれば、本人は自然と自分を信じることができるようになるのではないかと思います。

また、ある程度大きくなってくれば、子供がどのような人生を生きていくかについては、子供自身の選択であり創造です。そこに親の入る余地はないのですが、力になりたい、ということであれば（親でしたら誰でもそうだと思いますが）、親ができることというのは、ただ子供を信頼することです。そして、子供が自分の進みたい道を邁進できるような環境を整えてあげることです。これは、物理的な環境という意味合いもありますが、とにかく親は心配しないで見守るだけでよいということです。そして、どんな結果になったとしても、それは子供自身が選択し、完璧な宇宙がそれに応えた最善の素晴らしい結果なのです。

あとがき

引き寄せ、つまり、どんなときもできる限り自分の気分が良くなる思考の選択をする、ということに本気で取り組み始めて、二、三週間後、私は、「本当に自分の人生って自分で創れるんだ！」という驚きと感動を今回の人生で初めて味わいました。当時はまだ「すべてはうまくいっている」ということを完全に信頼していたわけではありませんし、引き寄せの法則を思い通りに使いこなしていたわけでもありませんが、それでも、宇宙は自分が信じた分だけちゃんとそれに対応した現実を返してくれることがわかったのです。

そして、自分の人生は自分で創れるという素晴らしい経験をした私は、ますます自分の思考に注意を払うようになり、それに呼応して現実はどんどんと変わっていきました。私の場合、環境が大きく変わったわけではなく、むしろ環境は何も変わっていないのに、そこで起こる出来事が変わりました。会社の休みが増えたり、毎月のように海外出張でタイやマレーシア、中国や香港に行くようになりました。それまで働いてきた八年間、一度も海外出張なんてなかったのにもかかわらず。

半年もすると、私の現実は自分の望むほうへ大きく傾いており、忙しいけれどもとにかく「充実」という言葉がぴったりくるような、そんな状況になっていました。そして、引き寄せに出会って十ヶ月後には、この本の出版が決まっていたのです。これはまさに奇跡のような出来事ですが、しかし現実です。幼少の頃から本を読むことが大好きで、文章を書くことも好きだったこともあり、「本を出す」ということは、自分がやりたいことのひとつでした。しかし、以前は自分が出せると思ったことなどなかったため、現実もその通りになっていましたが、自分の頭の中を変えただけで、一年もしないうちにそれが現実になったのでした。私は本当に普通の会社員で、母で、妻で、主婦なのです。しかし自分の頭の中さえ変えれば、それを映す鏡である現実は変わります。そして、それは誰でもできることだと感じています。

私も、引き寄せの実践を始めた当初は本を読んだだけではわからないことがたくさんあったのを覚えています。しかし、実際に毎日の生活の中で、試行錯誤しながらいい気分でいられる思考の選択を続けていくうちに、どんどんと理解がすすみ、そして現実が変わっていくのが最高に面白くなっていきました。本書では、その経験をできるだけわかりやすく、あますところなくお伝えできたかと思います。

とにかく、自分の人生に百パーセント自分で責任を持つ、この覚悟ができただけで、現実は加速度的に変わっていきます。私自身、「自分が人生を創っているんだ」という自覚を持ち始め、少しずつ自分と宇宙への信頼度を上げていき、今では揺るぎないものになっています。そして、自分で人生を創っているのだから、何かを恐れる必要などなく、そして、どんなことが起こっても大丈夫なのだと思えるようになりました。そして、これが精神力と言われるものなのかな、とも思います。私自身も、この本に書いていることをいつでもすべて実行できているわけではもちろんありません。本当に、恐れがまったくないわけでもありません。誰でも完璧になどできませんし、完璧にやる必要はありませんので、自分ができる限りにおいて続けるだけで十分なのです。

誰しも皆、自分で選んだ経験をするために、自分の意思でこの世に生まれてきています。あの世は素晴らしいところかもしれませんが、この世にはこの世でしかできない経験がたくさんあります。その経験をするためにこの人生を生きているわけで、無駄なことなど何ひとつありません。そして人は、輪廻転生を繰り返しますが、今回の人生は一度きり。人のことを気にしている場合ではありません。とにかく「本当に自分がやりたいこと」「本当になりたい自分」、そこに意識を向け、それを自分に許してあげるだけで、現実はその方向へ動いていきます。

今の時代、探せばたくさんのスピリチュアルに関する情報というのは溢れています。しかし、どれほど情報を集めて「精神的」な生き方をしようとも、目の前の現実を精一杯前向きに生きる、それに勝るものなどありません。日々を自分らしく、楽しく生きていくこと、それこそが最もスピリチュアルな生き方であると思います。

人間は、思考と波動によって現実を創造できるという、最強のパワーを誰しも例外なく持っています。それを自分の望む人生の創造に使いさえすればよいのです。この本に出会ったあなたは、その方法をもう手に入れたわけですから、あとは、自分で実践してみるだけです。本文にも書きましたが、実践しなくては何も変わりません。読んだだけではだめなのです。その代わり、続けて実践していけば、必ずあなたにとって良い方向へ現実が変わっていくことを、私はここに自信を持ってお伝えします。

そうして、一人ひとりが自分のやりたいことに前向きに取り組み、自分の人生を自分で創造していくことが、素晴らしい地球の未来を創っていくことにもつながっていくことでしょう。過去に、アセンションだ、次元上昇だと騒がれましたが、何もしないで待っているだけで、地球がいきなり大激変するようなことは絶対にありません。そこに住んでいる私たち一人ひとりの選択により、それぞれの地球が創られていくのです。ポジティブな思考を選ぶ人は、ポジティブな地球の未来を見て、ネガティブな思考を選ぶ人はネガティブな地球の未来を見ることになるでしょう。

最後に、本書の出版が現実になったことに関しまして、何も知らなかった私にその道筋を提供してくださった「企画のたまご屋さん」出版プロデューサーの堀内伸浩さん、また、『「引き寄せ」の教科書』という、なんとも私の理想とぴったり合った出版の機会を与えてくださった元アルマット（現 Clover 出版）編集長の小田実紀さん、そして、いつもブログを読んでくださっている読者の皆様、また本書を手に取ってくださったすべての皆様に、この場を借りまして心から感謝申し上げます。

二〇一四年一月　奥平 亜美衣

参考文献

『サラとソロモン―少女サラが賢いふくろうソロモンから学んだ幸せの秘訣』（ナチュラルスピリット）
『物語で読む引き寄せの法則　サラとソロモンの友情』（河出書房新社）
『物語で読む引き寄せの法則　サラとソロモンの知恵』（河出書房新社）
『引き寄せの法則　エイブラハムとの対話』（ソフトバンククリエイティブ）
『実践 引き寄せの法則　感情に従って〝幸せの川〟を下ろう』（ソフトバンククリエイティブ）
『引き寄せの法則の本質　自由と幸福を求めるエイブラハムの源流』（ソフトバンククリエイティブ）
『お金と引き寄せの法則　富と健康、仕事を引き寄せ成功する究極の方法』（ソフトバンククリエイティブ）
『「引き寄せの法則」のアメージング・パワー』（ナチュラルスピリット）
『Ask and It Is Given』（Hay House Inc）

——復刻改訂版に寄せて　後記——

『「引き寄せ」の教科書』が引き寄せてくれたもの

『「引き寄せ」の教科書』が出版されたのは二〇一四年の一月。あれから、三年近くがたちました。

『「引き寄せ」の教科書』が出版された当時、私は電子部品を扱う決して大きくない貿易商社の会社員で、本を出版したことは会社には内緒でした。そしてそのときは、会社を辞めようとは考えていませんでした。自分の本当にやりたい仕事で生きていけるなんて、信じることがまだできなかったのです。

今でこそ「引き寄せ」の本が書店をにぎわせていますが、当時は「引き寄せブーム」なんて一切ありませんでした。「引き寄せ」はすでに下火のテーマだったのです（そんな出版業界の事情も私は全く知らず、あとで小田編集長に教えてもらったのですが）。私のブログも、当時のアクセスは六、七〇〇／日でしたので、それほど人気ブログだったわけでも、有名だったわけでもありません。

ですので、初めての本で右も左もわからず、売れるなんて自信はまったくない私はもちろん、担当してくださった小田編集長も、おそらくアルマットの社内全体の雰囲気としても、この本がヒットするであろうなんて誰も思っていなかったのです。

しかし、『「引き寄せ」の教科書』は、誰も予想しない形で広がっていくことになりました。無名の新人著者の本としては異例中の異例でしたが、発売後すぐに増刷、その後も増刷を重ねました。新聞広告も出して頂き、自分の名前と本を新聞紙上で見ることも信じられない経験でした。また、自分の名前を著者としてAmazonで見る、ということでさえも新鮮な経験でしたが、その上、超心理学・心霊部門というスピリチュアルの本のランキングで一位になりました。そのとき、小田編集長が私に「ベストセラー作家誕生ですね、おめでとうございます！」と言ってくださったのをとてもよく覚えていて、そのとき、本当に私の現実は変わったんだ、と深いところから実感したのです。

のちに、『「引き寄せ」の教科書』は、「引き寄せブームはここからはじまった」と言われる本になりました。すべて、『「引き寄せ」の教科書』という形で出版してくださった小田編集長の企画力と先見の明、そして、いつも読んでくださっている読者の皆様のおかげです。

そして『「引き寄せ」の教科書』が発売されて数日後には、二冊目の本の引き合いがありました。二カ月たったころには、さらに数冊のオファーがありました。加えて是非イベントや講演会もやってほしいという依頼もたくさんいただきました。最初のイベントは、書店でのトーク&サイン会でしたが、すぐに満席になったことに大変驚きました。人前で話すということもまったく慣れていませんでしたが、そのときはプロの司会の方のナビゲートがあったため乗り切れました。そしてこのときはまだ、どうして皆さんが私のサインを欲しがるのか、本当に理解できなかったのです。その時の私は、本を一冊出した、でも普通の会社員だったのです。自分自身のサインも用意していなかったので、会社の仕事でインボイスに署名していたものをペンネームに置き換えてあわててサインしたのをよく覚えています。

そんなこんなで、『「引き寄せ」の教科書』が出てから、駆け足で私の現実は変わっていきました。全速力で100メートル走を走っているような感覚です。

そして、『「引き寄せ」の教科書』が出て半年後、私は勤めていた会社を退職しました。本当にやりたかった本の仕事に、今集中しなければ一生後悔すると思ったからです。

会社を辞める際にも面白いことが起こりました。

意を決して上司に退職の旨を伝えた翌日、なんと、「会社自体が大阪に移転します」という発表があったのです。もう、その話を聞いた私は目が点でした。寝耳に水とはこのことです。もちろん水面下ではその話が以前から進んでいたようなのですが、ほんの一部の上層部以外、誰も知らなかったことです。

信じられませんが、自分が会社を辞めると決めたら、つまり、自分が会社からフォーカスを外したら、会社自体がそこから消えることになったのです。それまでは、私が必要だと信じしがみついてたから会社がそこにあったようなものです。

本当に、自分が自分の現実を引き寄せているのだ、ということが改めてわかった出来事でした。

会社を辞めるかどうかは大きな決断で、とても悩みましたが、大阪へ行ってまで会社での仕事を続ける気はなかったので、「だったら早く言ってよ、悩まなかったのに」と思いましたが、やはり、自分が決めたから、現実が動いたのであって、先に現実は変わってくれないのです。

会社を辞めると、「引き寄せ」はますます加速していきました。本当にやりたいことではないことに割いていた時間とエネルギーが、本来やるべきことに回ってきて、さらによい循環が生まれてきたのです。

二冊目の著書も順調に書きあがり、そしてまた予想を超える売り上げを見せてくれました。そして二冊目が出ると、ますます出版の依頼は増えました。それは現在でも続いています。常に、二年先くらいまで埋まっているという状態ですが、最近はあまり先のことまで決め込まないようにしています。

このあたりで、私は完全に自分が「引き寄せ体質」になっていることに気づきました。

自分は何もしなくても、「こんな本が書きたいな」と思っていたらそれにぴったりの企画を持ってきてくれる編集の方がいたり、「雑誌にも連載したいな」と思っていたら、雑誌のお話も頂きました。

他にもこんなことがしたい、と思っていたら、その日会った人が何も聞いていないのにその情報をしゃべり出したり、それを実現してくれる能力を持った人が、偶然を装って私に出会ってくれたりします。

ここに行きたいな、と思っていたら、それにぴったりとはまるスケジュールが現れたり、一緒に行ってくれる人が現れます。これが欲しい、と思っていたら、急にセールが始まったり、また何もしなくても向こうからやってくることも何度もありました。

朝読みたいなと思っていた本を、午後会った人に頂いたり、行きたかったコンサートのチケットが私のもとに舞い込んだり、苦労せずに探し物が目の前に現れたり、そのようなことがしょっちゅう起こるので、引き寄せというよりは、未来を感知しているという感覚に陥るときもありました。

そして会社を辞めて一年後、バリ島に引っ越すことも叶いました。若いころに住んでいたバリ島にいつかまた住みたいと思っていたものの、会社員時代は定年まで無理だろうと思っていたのですが、それはまったく不可能なことではなかったのです。バリ島に引っ越しても、仕事が滞ることはなく、まるで、仕事が追いかけてきてくれるかのような感覚です。

その時点で、私が「引き寄せ」に出会った当初に抱いていた望みはすべて叶ったということになりました。

四年前に「引き寄せの法則」に出会い、日常生活や仕事の中に幸せや楽しみを見つけられるようになり、日々いい気分を選択することを続けたこと、そして、本当の望みであるやりたいことに踏み出したこと。そのようにして、私が持っていた望みはすべて叶ったのです。それどころか、想像以上のものを手にしたのです。やりたいことを仕事にし、経済的な自由、住みたい場所に住む自由、そしてたくさんの素敵な出会い、幸せを感じる日々、さらには、本やブログを読んでくださった多くの皆様から感謝されるという信じられないことがすべて現実のものになりました。

現在では、著書は共著・監修含め、一八冊にのぼります。また、雑誌で取り上げられることも増え、その回数は二十近くになります。

『「引き寄せ」の教科書』が出る直前だったか、出た後だったか忘れましたが、自分の著書がたくさん出て、本を書くということがメインの仕事になっているといいなと思い、宇宙に放ったのを覚えています。そしてそれは今、現実のものとなりました。

またその過程で、たくさんの素晴らしい人のご縁も引き寄せていくことになりました。会社員時代は人並みに人間関係での悩みがありましたが、今は、心地よい波動を共有できる人々に囲まれています。もちろん、今、まったく人間関係の悩みがないわけではありませんが、好きでもない人と毎日仕事で関わらなければいけなかった毎日から、やりがいや喜びを分かち合える人々に囲まれた毎日に変貌したのです。そして最近では、憧れてやまない世界的大作家の方とお仕事でご一緒させていただくことも引き寄せました。

また、私は旅行が大好きなのですが、イベントや講演のお仕事で、国内各地はもちろん、アメリカへも来てほしいというオファーがあり、それも実現しました。その後、イギリスとスペインにも講演会で行くことになりました。

貿易の会社をやめたとき、大好きな海外出張に行けなくなることだけが心残りでしたが、もっと自由な形で、なおかつ楽しい仕事で海外へ行く機会も増えたのです。今後旅行記の仕事の依頼などもあり、ますます楽しい旅が増えそうです。

そして今後は、本を書くという仕事の幅を広げて、小説や翻訳にも挑戦したいと思っており、それらの仕事も決まっているのですが、これも、「小説を書きたいな」と思っていたら、普段小説を担当されている編集者の方からの連絡があったり、翻訳も出せる環境が整ってきたりしました。


プライベートの面では、アメリカに行った時に見たロサンゼルスのような街並みの家に住みたい、と思ったら、バリで似たような住宅地に出会い、すぐに引っ越しました。バリにそのような場所があるなんて、まったく予想もしていなかったのに、それは現れました。

また、スペインにある大好きなファッションブランドの本社を、見学させてもらえることになったり、愛用しているジュエリーブランドのオーナーとお友達になることができたり、昔から大ファンであるインドネシアの超有名アーティストと個人的にお話することができたりと、想像を超えたことが次々と起こり、引き寄せ力は留まるところを知りません。

想像以上のことが起こる、ということがわかったとき、私は目標を設定したり、未来を設定したりすることをやめました。

ただ、自分の本当の望みは何なのか？　自分はどうしたいのか？　それを自分に聞くことはやめず、それに素直になることを心がけています。そうすると、宇宙は最善の方法でそれを叶えてくれることに疑いはありません。

エイブラハムの引き寄せの法則に出会って四年が経ちます。今はっきりと言えるのは、どんなことでも自分が本当に望むことは必ず叶うということ。本当にやりたいことだったり、本当に好きなものというのは、ちゃんと引き寄せるということ。自分を信じて、自由に人生を創っていくのは誰にでもできることだということです。

二〇一六年一二月　著者しるす

Amy Okudaira
奥平 亜美衣（おくだいら・あみい）

作家
1977年 兵庫県生まれ、お茶の水女子大学卒
大学卒業後、イギリス・ロンドンに約半年、インドネシア・バリに約4年間滞在し、日本へ帰国。ごく普通の会社員兼主婦生活をおくっていたが、2010年に書籍『アミ小さな宇宙人』（徳間書店）に出会ったことで、スピリチュアルの世界に足を踏み入れる。

その後、2012年に『サラとソロモン』（ナチュラルスピリット）と出会い、「引き寄せの法則」を知る。本の内容に従って、「いい気分を選択する」という引き寄せを実践したところ、現実が激変。その経験を伝えるべくブログを立ち上げると、わかりやすい引き寄せブログとしてたちまち評判になり、約1年で出版という夢を叶えることに。
旧版『「引き寄せ」の教科書』をはじめ、著書は次々とベストセラーとなり、累計部数は80万部を突破。

現在は会社員生活に終止符を打ち、執筆業を中心に活動中。2015年バリ島に移住し、持っていた願いがすべて叶う。「引き寄せ」で夢を叶え、望む人生を手に入れるということを自らの人生で体現し続けている。

オフィシャルブログ
http://lineblog.me/amyokudaira/

編集制作DTP & 本文design ／小田実紀
イラストレーション／門川洋子

復刻改訂版
「引き寄せ」の教科書

初版１刷発行●2017年１月17日
４刷発行●2018年10月１日
新版１刷発行●2020年３月23日
３刷発行●2023年５月22日

著者
Amy Okudaira

発行者
小田 実紀

発行所
株式会社Clover出版
〒101-0051 東京都千代田区神田神保町3丁目27番地8　三輪ビル5階
Tel.03(6910)0605　Fax.03(6910)0606　http://cloverpub.jp
印刷所
日経印刷株式会社

ISBN 978-4-908033-58-2　C0011

本書の内容に関するお問い合わせは、info@cloverpub.jp宛にメールでお願い申し上げます

※本書は、2017年1月刊行『復刻改訂版 「引き寄せ」の教科書』(弊社刊・産学社発売)
の再刊行版です。